나의 두 번째 교과서
×
나민애의 다시 만난 국어

나의 두 번째 교과서

×

나민애의 다시 만난 국어

EBS 제작팀 기획
나민애 지음

page2

차례

1강

읽기,
큰 세상을 만나는
기쁨

2강

시,
그리운 순간과의
조우

3강

소설,
천 개의
인생 답안

4강

고전 시가,
변치 않는
인간의 비밀

5강

	동	화	,								
	착	하	고		순	한					
	위	로									

6강

	듣	기	,								
	치	유	의								
	시	작									

7강

에	세	이	,						
나	를		살	리	는				
글	쓰	기							

8강

실	용		글	쓰	기	,			
	설	득	의		기	술	을		
배	우	다							

9강

비	평	문		쓰	기	,				
인	생		책	을						
만	드	는		방	법					

10강

제	목		쓰	기	,					
모	든		것	의						
진	정	한		마	침	표				

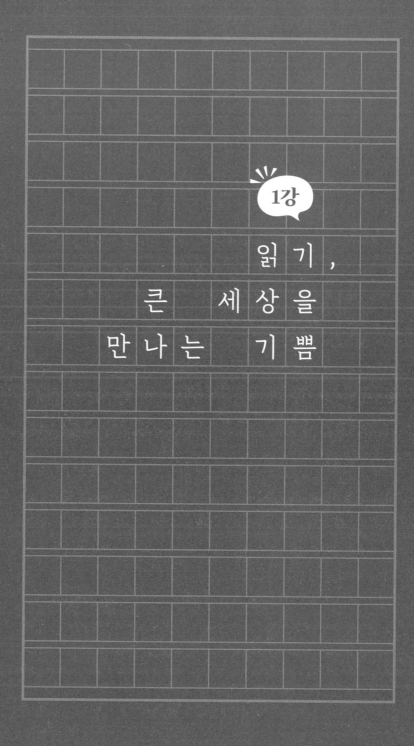

1강

읽기,
큰 세상을
만나는 기쁨

1강을 시작하며

안녕하세요. 나민애입니다. 혹시 여러분은 국어를 좋아하시나요? 생각만으로도 지겹다고요? 국어에 흥미를 갖고 있지 않다면, 혹시 그 이유는 국어를 재미있게 알려줄 교과서를 잃어버려서가 아닐까요? 오늘은 제가 탐험가가 되어서 여러분을 잃어버린 국어 교과서로 안내하려고 합니다. 아주 흥미로운 여정이 될 테니 저를 믿고 함께 가시죠.

처음 만나는 시간이니 제 소개를 조금 하겠습니다. 저는 작은 시골 마을에서 태어났습니다. 태어나 보니 아버지가 시인이었어요. 어린 시절, 가난한 옛집에 놀잇감은 없었기에 원고지와 책이 저의 장난감이었습니다.

"이 세상에서 '단어'라는 것은 정말 정말 중요한 거야."

저는 이런 말을 가훈으로 삼는 시인 아버지 밑에서 자랐습니다. 그래서 국어라는 과목이 세상에서 제일 귀한 줄 알았고, 대학에서도 국어국문학을 전공해 석사와 박사까지 마쳤지요. 지금은 서울대학교에서 책 읽고 글 쓰는 교과목을 맡고 있습니다. 지금까지 저에 대한 정보를 드렸는데요, 여러분은 저를 어떻게 '읽'으셨나요?

'이 사람은 내가 잃어버린 국어 교과서를 찾는 데 도움을 주겠구나'라고 생각할 수도 있고, '뭔가 부족한데. 나는 잘 모르겠어'라고 생각할 수도 있습니다. 이렇게 사람이 사람을 보는 데도 '읽기'의 과정이 필요합니다.

우리는 문자로 된 텍스트만 읽는 게 아니라 세상을 읽고, 현상을 읽고, 사람을 읽고, 분위기도 읽으니까요.

살다 보면 우리에게는 아주 많은 읽기가 필요합니다. "내가 언제 무슨 읽기를 배웠을까?"를 생각하면 우리는 어린이, 혹은 청소년 시기에 국어라는 교과목을 배웠습니다. 물론 국어 과목에 읽기만 있었던 건 아닙니다. 듣기, 쓰기, 말하기, 생각하기도 있었습니다.

그런데 그 핵심에는 읽기가 있습니다. 누군가 말하는 것을 듣는다고 생각해 봅시다. 이건 청각으로 읽는 거예요. 또 그림을 본다고 생각해 보세요. 우리는 회화적 이미지를 눈으로 읽는 거죠. 친구와 토론을 하는 장면을 떠올려 보세요. 그 사람이 하는 말을 읽어내야 토론을 할 수 있습니다.

저는 읽기가 우리 삶에서 많은 부분을 차지한다고 믿고 있습니다. 얼마 전에 드라마를 보는데, 이런 대사가 나오더군요.

"넌 내 동족이 아니야."

이렇게 말하는 사람의 눈빛이 무심했습니다. 어떤 마음인지 읽기 어려웠죠. 읽을 수가 없으면 무섭습니다. 의미를 알 수 없으니까요. 이렇듯, 읽을 수가 없으면 어떤 소통도 불가능합니다. 내 의견을 전달하기도 어렵고 그 사람의 의견을 받아들이기도 어렵죠.

그래서 잃어버린 국어 교과서를 찾아 떠나는 첫 번째 여정을 '읽기의 기쁨'이라고 이름 붙였습니다. 1강에서는 '읽기란 무엇인가?', '읽기가 국어에서 어떻게 중요한가?'를 생각해 보고 꿀팁으로 '어떻게 하면 잘 읽을 수 있는지'를 요모조모 배우도록 하겠습니다. 지금부터 국어의 재미를 찾는 첫 여정을 시작해 볼까요.

01

우리는 왜
국어와 친해지지 못했을까?

▌시험을 보지 않았더라면

저는 국어를 잘할 수밖에 없는 태생적인 환경에서 태어났습니다. 아버지가 시인이셨기에 저는 늘 이런 말을 듣고 자랐죠.

"단어는 중요하단다. 단어 하나로도 의미가 이렇게 바뀌거든. 우리에게 말은 소중한 거야."

집에서 욕이라도 할라치면 굉장히 혼이 났습니다. 심지어 아버지는 말을 듣는 자세도 강조하셨어요. 수업을 들을 때 반듯한 자세로 들으라고 하셨지요.

"인간은 말을 담는 자루야. 네가 삐딱하게 있으면 선생님 말씀이

들어왔다가 나간다. 말이 잘 들어오게 똑바로 앉아서 듣거라."

그래서 저는 반에서 허리를 제일 잘 펴고 앉아 있는 학생이었습니다. 사실 어려서는 국어 교과목을 썩 좋아하지 않았어요. 부끄러운 이야기지만 김소월 시인의 「진달래꽃」도 중학교에 가서 처음 봤습니다. 사뿐히 즈려밟고 가라니, 표현을 어쩜 이렇게 찰떡같이 했을까, 멋지다는 생각을 했죠. 그런데 국어 과목이 좋아지려고 할 무렵, 시험을 보게 됐습니다. 시험은 평가를 받는 거잖아요. 「진달래꽃」이 평가의 대상이 되자 저는 전혀 시를 음미할 수 없게 되었습니다. '이렇게 읽어야 맞는 걸까? 선생님이 가르친 것과 같나?' 음미 대신 의심이 들었죠.

'교과서 안에 좋은 글이 모여 있는데 나는 왜 국어 과목과 친하지 않았을까?' 이 질문의 답을 생각해 보면 시험이 큰 지분을 차지합니다. 시험을 보지 않았다면, 우리는 국어 교과서의 명작들을 조금 더 사랑했을지도 모릅니다.

▌범위가 너무 넓어서 어렵다

"선생님, 이번 시험 범위는 어떻게 되나요?" 저는 대학교에서 국어 관련 교과목을 가르치고 있는데 학생들에게 제일 많이 듣는 질문이 이거예요. 중고등학교 때만 해도 "교과서 51페이지부터 99

페이지까지가 시험 범위야. 중간고사에 이거 나온다"라는 말을 들었을 테고, 그럼 외우기라도 했을 텐데 '어른의 국어 공부'에는 시험 범위가 따로 없어요. 저는 '여기서부터 여기까지' 외우고 쏟아내는 문제풀이식 교육을 하지 않거든요.

인생도 비슷하네요. 살다 보면 '내가 여기서 여기까지만 해결하면 만사 끝이다'라는 확신이 없잖아요. 우리 인생에도 시험 범위라는 게 없습니다. '이런 문제가 나에게 닥칠 줄 몰랐네', '이런 걸로 내가 고민할 줄 몰랐네.' 이처럼 살다 보면 예상치 않았던 문제들이 닥쳐옵니다.

국어라는 교과목이 어려웠던 또 하나의 이유는 실질적 범위가 무한대이기 때문입니다. 학교 때 우리 국어 교과서는 몇 권이었죠? 국어(가), 국어(나) 이렇게 두 권도 있었고 독서, 작문, 국어 이렇게 세 권일 때도 있었어요. 우리가 경험한 국어 과목은 합쳐야 몇 권짜리지만 국어라는 과목의 실체를 들여다보면 범위가 굉장히 넓습니다. 이런 이야기를 통해 제가 말하고자 하는 포인트는 이것입니다.

"여러분이 국어를 어려워했다면, 모국어가 여러분을 배신한 게 아닙니다. 국어가 여러분을 미워한 것도 아니에요. 국어 자체가 원래 엄청 어려운 겁니다. 이건 평생 공부감입니다. 원래가 그런걸요."

국어를 공부하고 전공한 전문가들에게도 국어 공부는 끝이 없습니다. 끝이 안 나서 어려워요. 그러니까 '나는 국어랑 안 맞아'라는 생각은 조금 잊으시길 바라요. 못해서 어려운 게 아니고 너무 큰 범위라서 어려웠던 겁니다. 이건 위로가 아니라 사실입니다.

▎책만 읽으면 머리에서 줄줄 샌다?

제가 여러분과 '잃어버린 국어 교과서를 같이 찾아야겠다'라고 결심한 이유가 하나 있습니다. 저는 아이를 키우는 엄마이기에 아이의 교과서와 문제집을 접할 때가 많았습니다. 제 아이는 한국인이고, 책도 분명히 한글로 된 책인데 종종 제게 "이게 무슨 뜻인지 잘 모르겠어"라고 말하더군요.

학생들과 면담을 하다 보면 비슷한 이야기를 듣곤 합니다. 대학교에 와보니 다른 사람들은 두껍고 아주 어려운 책을 들고 다니더래요. 교수님도 어려운 책을 수업 시간에 소개하고요. 학생 입장에서 본인은 분명 한국 사람이고 저 책은 한국어로 된 텍스트인데 읽을 때 눈에 하나도 안 들어온답니다. 소리 내서 읽을 줄은 아는데 무슨 의미인지 파악을 못 하겠다는 거죠. '나만 바보인가? 지금 내가 뭘 읽고는 있는 건가?' 이런 생각이 들었대요. 옆 사람들 보면 페이지가 쭉쭉 넘어가는데 나는 읽어도 뭐가 뭔지 모르겠단 말이죠. 답답한데 부끄러워서 모른다고 말도 못 했다고 합니다.

이런 상황, 저도 너무 잘 알고 있습니다. 예전에 같은 경험을 한 적이 있거든요. 저는 스스로 국어를 잘한다고 생각했는데 글을 읽으면 이해가 안 됐어요. 영어 지문이 아닌데도요. 게다가 저는 태생 환경이 문학 그 자체인, 운명적으로 국어를 잘하는 어린이로 자라서 대학에서 전공까지 했는데 막상 책을 읽으면 머리에서 줄줄 새는 거예요. 그런데 다른 사람들을 보면 저들은 다 읽는 것 같거든요. 나 혼자 외로운 느낌이 들죠. 자, 제가 예전의 저와 같은 학생들에게 뭐라고 이야기했을까요? 답은 간단합니다.

"그거 원래 그래."

▎ 설사를 하면서도 계속 먹어야 하는 이유

내가 읽을 국어 텍스트의 난이도는 내가 결정할 수 있는 게 아닙니다. 지금 내가 90레벨을 읽을 수 있으니까 책이든 기사든 90레벨만 읽겠다? 불가능하죠. 지금 나는 90레벨까지만 읽을 수 있지만 읽어야 할 텍스트가 100레벨일 수도 있고, 200레벨일 수도 있습니다. 원하는 만큼 읽으려면 그 차이를 극복해 가면서 조금씩 한국어 실력을 늘려야 합니다. 쉽게 말하자면 읽기 레벨을 높여나가는 겁니다.

사람들은 영어에만 레벨이 있다고 생각해요. 영어 문제집들은 초급, 중급, 고급 단계들로 나눠져 있습니다. 그런데 한국어 책에는 왜 그런 게 없을까요? 사실 없는 게 아닙니다. 다만 뚜렷한 지표로 안 보일 뿐이죠. 그래서 한국어가 어려워서 책을 못 읽겠다는 학생들에게 해주는 말이 있어요.

"이거는 일종의 설사야."

무슨 말이냐고요? 장염에 걸렸다고 가정해 봅시다. 이때 무엇을 먹건 무조건 쌉니다. 그런데 병원에 갔더니 의사 선생님이 이온 음료를 많이 마시래요. 죽도 먹으래요. 그리고 조금씩 더 먹으래요.

"이온 음료요? 죽이요? 먹으면 싸는데요? 먹지 말아야 하지 않나요?"

"안 먹으면 더 큰일나죠. 먹어요. 먹고 싸고, 먹고 싸다 보면 장에 남는 게 있어요. 그러면서 낫는 거예요."

먹고 싸도 먹다 보면 장에 남는 게 있다! 진짜 명언이지 않나요? 주옥같은 말씀입니다. 책도 그렇습니다. 저도 그런 경험을 했고, 제가 가르치는 학생들도 그런 경험을 했고, 초등학생, 중·고등학생들도 그런 경험이 있을 겁니다. "읽었는데 흡수가 안 돼요", "그냥 새어 나와요", "읽었는데 무슨 말인지 모르겠어요" 모르겠으니 안 읽고 싶죠. 그래도 우리는 읽어내야 합니다.

지금은 설사처럼 밖으로 흘러나가도 계속 읽으면 뭔가 남는 게 있으니까요. 그렇게 남는 것의 일부가 나의 영양분이 됩니다.

그걸로 점점 더 튼튼한 장을 만들면서 우리는 성장하는 겁니다.

계속 더러운 이야기를 해서 죄송하지만 '안' 읽힌다고 해서 '아' 읽으면 '안' 된다는 뜻입니다. 국어와 독서가 왜 필요하냐고요? 한국인이 한국말을 알아듣지 못하는 어려움, 한국인이 한국어로 된 텍스트를 읽지 못하는 어려움은 '절망'이 되고, '포기'가 됩니다. 저는 이 절망과 포기가 두렵습니다. 내가 그 안에 머물까 봐, 나의 아이와 나의 학생들이 머물까 봐 무서워요. 그러니까 우리 힘내요. 우리는 결국 설사를 이겨낼 겁니다. 내가 한국인인데 한국어를 못 알아들으니 이젠 망했다고, 주저앉으면 절대 안 됩니다.

02

우리가 국어를 배워야 하는
진짜 이유

▎ 인류의 위대한 발명품, 문자

사실 우리나라에서 국어 교과목은 조금 특수한 상황에 놓여 있습니다. 수능의 국어 영역 지문을 보면 국어에 관련된 문제만 나오는 게 아닙니다. 과학에 관련된 지시문도 나오고, 수학에 관련된 지시문도 나오죠. 법학이라든지 예술, 경제, 사회, 역사의 내용까지도 국어 과목 시험에 등장합니다. 그러니까 우리가 국어를 배운다는 건 단순한 이야기가 아니에요. 과학, 경제, 미학, 철학, 사회학 등의 지식을 소화하는 것까지가 다 국어의 일입니다. 밭에서 국어라는 줄기 하나를 뽑았더니 거기에 다른 과목들이 주렁주렁

달려 있는 식이에요.

문학이나 문법만 잘한다고 해서 국어를 잘한다고 말하지 않습니다. 사실 국어로 쓰인 텍스트 전부가 국어 공부의 범주가 될 수 있죠. 생각하니 끝이 안 보이네요. 그렇다고 우리가 한글을 원망할 필요가 있나요? 이건 우리만의 문제가 아닙니다. 모든 민족에게 자신들의 모국어는 똑같은 상황입니다. 사람은 모국어로 생각하고, 모국어로 쓰고, 모국어로 축적하고, 모국어로 전승하거든요.

이쯤에서 굉장히 럭셔리한 이름을 가진 분을 소개해야겠네요. 미국의 과학자 제레드 다이아몬드Jared Mason Diamond입니다. 이분의 저서 『총 균 쇠』에는 이런 이야기가 있어요.

"문자의 탄생이란 지난 수천 년 사이에 가장 중요한 발명품이다." (제레드 다이아몬드, 『총 균 쇠』, 김영사, 2023, 49쪽)

문자가 우리에게 어떤 역할을 했을까요? 문자 덕분에 인류는 기록할 수 있게 됩니다. 옛날에는 입에서 입으로 전해져오는 구술문화 중심이었는데요, 이때는 모든 걸 암기하고 있는 사람이 '현자賢者'로 인정받습니다. 현자는 자신의 지식을 어린아이에게 암기시킵니다. 이 아이가 자라서 현자의 지식을 고스란히 물려받으면 하나의 기록 인간이 되는 거죠. 한 명으로는 불안하니까 한 명을 더 키워요. 그리고 계속 구술을 통해 지식을 전해줍니다. 우리 부족의 역사란 무엇이고, 태초에 어떤 일이 있었으며, 우리 부족은 어떻게 살아남았는지 등등을 전하고 서사시 같은 것을 외우게 하죠.

그런데 구전으로 외워서 문화를 전승하는 데에는 한계가 있습니다. 인간의 두뇌 용량이 무한하지 않으니까요. 이때 문자가 탄생했습니다. 문자 덕분에 우리는 외우지 않고 적을 수 있게 되었습니다. 나무판에 쓰고 양피지에 쓰게 되었죠. 그리고 그렇게 누적된 지식을 다음 세대로 전달합니다. 문명이 쌓일수록 전승되는 지식의 양도 훨씬 늘어나겠죠? 인류가 처리할 수 있는, 일종의 '문화 자본'이 크게 늘어나는 겁니다.

호모 사피엔스가 세상을 정복할 수 있었던 이유가 언어 때문이라고?

이스라엘의 문명학자 유발 하라리Yuval Noah Harari는 저서 『사피엔스』에서 이런 이야기를 했습니다.

"호모 사피엔스가 세상을 정복한 것은 다른 무엇보다도 우리에게만 있는 고유한 언어 덕분이었다." (유발 하라리, 『사피엔스』, 김영사, 2015, 41쪽)

호모 사피엔스는 '생각하는 사람'이라는 뜻입니다. 잠시 상상력을 발휘해서 구석기 시대로 가볼까요? 그전까진 "우와-우와-" 이런 소리만 지르던 인간에게 언어가 생기기 시작합니다. 호모 사피엔스들은 "산 넘어가자, 거기 사냥할 동물이 있대. 나 혼자선 힘드니까 같이 가자." 얼추 이런 뜻을 남에게 전달할 수 있게 된 거죠. 서로 소통이 잘되면서 생존율이 높아집니다. 언어가 있으면 의견을 모으고 협동을 시작할 수 있습니다. 이제 그들은 약한 개인이 아니라 강한 집단이 됩니다. 세계적인 두 학자는 언어와 문자가 호모 사피엔스들을 번영으로 이끈 핵심이었다고 강조합니다. 그리고 그건 오늘날도 마찬가지입니다.

언어와 문자 공부는 단지 국어 교과서의 텍스트 읽기만으로 끝나는 게 아닙니다. 국어는 방대하며 어렵습니다. 그런데 배우면 배울수록 유익하고 그 과정을 통해 내가 성장합니다. 모든 지식과 문명, 역사와 기록, 표현, 문학 이런 게 다 언어로 쓰여 있잖아요. 그래서 언어로 된 텍스트를 점점 더 많이 읽어갈수록 지식도 같이 늘어납니다. 문명에 대한 이해도 높아지고 표현력이나 문학적 경험도 늘어납니다. 국어는 광범위하고 그렇기 때문에 필연적으로 어렵다는 사실을 기억하면 좋겠습니다. 국어는 오래, 차근히 공부할 과목이고 그만한 가치가 있다는 사실을 말입니다.

▍습득과 해석, 나의 세계를 배우는 일

많은 사람이 언어를 '습득'의 대상으로 생각합니다. 언어는 습득

하는 것이 맞습니다. 모국어 배울 때를 기억하나요? 저는 아이들에게 한글을 이렇게 가르쳤습니다. "'기역(ㄱ)' 옆에 'ㅏ'가 붙으면 '가'야. '니은(ㄴ)' 옆에 'ㅏ'가 붙으면 '나'야." 아이는 글자를 더듬더듬 소리 내서 읽게 되죠. 이런 게 습득입니다.

언어를 많이 배우고 나면 아이는 이런 말들을 합니다. "엄마, 문어는 왜 머리카락이 없어?", "엄마, 태양은 왜 빛을 내?" 꽤 고차원적이죠. 습득한 걸 가지고 세상을 표현하고 해석하기 시작한 것입니다. 여러분이 영어를 한 글자 한 글자 더듬더듬 읽고 말한다면 지금 '습득'의 과정에 있는 겁니다. 영원히 습득만 할 수도 있어요. 한국어로 생각한 문장을 영어로 번역해 말하는 것은 어떨까요? 그 영어도 아직 습득 상태의 언어입니다. 그런데 우리에게 한국어는 어떤가요. 한국어로 생각하고 한국어로 바로 말합니다. 생각 자체가 한국어로 이루어집니다. 꿈도 한국어로 꾸죠. 우리는 한국어로 나와 세상을 이해하고, 내 마음을 드러내고, 세상과 소통합니다. 이게 모국어의 힘입니다. 나의 언어로 대상을 제대로 이해하는 것, 우리는 이를 '해석'이라고 부릅니다.

우리는 모국어로 된, '저난이도'부터 '고난이도'까지 온갖 종류의 텍스트를 아우르며 해석할 것을 요구받습니다. 실제로 그렇게 하면서 살아가죠. 그래서 국어는 하나의 과목이라기보다 세계 자체를 배우는 것을 의미합니다. 그 세계는 긴 시간, 언어와 문자로 첩첩이 쌓아 올려져 왔죠. 그러니까 국어 공부란 바로 나의 문명을 배우는 것, 문명 위에 세워진 나의 세계를 배우는 일이라고 정의할 수 있습니다.

▌국어 공부란 세계와 문명과 사람을 배우는 것

"아들, 밥 먹어", "엄마, 나 왔어" 이런 말은 쉽죠. 일상적 대화는 쉽지만 국어는 굉장히 총체적입니다. 모국어인 국어를 배운다는 것은 단순히 언어를 배우는 게 아니라 모국어로 된 모든 것을 배우는 것을 의미합니다. 즉 문자와 언어는 단순한 도구, 단순한 텍스트의 집합이 아니라 지식, 문명, 역사, 기록, 표현, 소통을 포함하고 있습니다. 그렇기에 국어를 배운다는 건 세계를 배우는 것이고, 문명을 배우는 것이며, 사람을 배우는 것입니다.

이렇게 국어가 문명과 세계에 대한 기반을 토대로 하고 있으니 '쉽게' 배울 수 없겠죠. '금방' 완성될 수도 없고요. 저는 국어를 전공한 지 20년이 넘었지만, 아직도 국어 공부를 하고 있습니다. 책을 읽다 보면 아직도 모르는 단어가 나오고, 이해가 안 되는 텍스트도 있어요. 그래서 끊임없이 공부하고 있습니다.

"우리 국어의 거대함을 아는 것이 국어 공부의 시작입니다."

이렇게 말씀드릴 수 있겠네요. 국어 공부는 평생 공부인 셈입니다. 그러니 과거에 국어 교과목과 여러분이 어떤 관계였든 상관

없어요. 우리는 언제든 이 거대한 세계로 뛰어들어, 다시 걸어볼 수 있습니다. 국어라는 세계는 몹시 크기 때문에 갈 곳이 아주 많거든요.

03

독서에
대하여

▎독서는 저자와의 '대화'이다

요즘은 무언가를 '읽는' 사람이 많지 않은 것 같습니다. 예전에는 지하철이나 버스에서 책 읽는 분들을 자주 보곤 했는데, 지금은 보기 어렵습니다. 대부분 휴대폰으로 영상을 보거나 SNS를 하죠. 읽어도 짧은 토막글을 읽고요.

우리는 점점 긴 읽기를 잃어가고 있습니다. '바쁘고 살기 힘든 데 책 안 읽는 게 대수인가.' 네, 저도 종종 이런 생각을 합니다. 그런데 안 읽으면서도 '독서는 좋은 건데……'라는 생각을 하잖아요? 독서를 잘하고 싶다는 욕망도 있고요. 사실 우리도 많이 읽고, 잘 읽고 싶습니다. 그래서 내친김에 여러분에게 '독서의 의미'를 전하고 싶습니다. 이 장을 읽으면 여러분은 당장 독서를 시작하고 싶어질지도 몰라요.

미국의 철학가이자 교육사상가인 모티머 J. 애들러_{Mortimer Jerome} _{Adler}의 저서 『독서의 기술』을 보면 이런 구절이 있어요.

"독서는 도움을 받지 않는 발견과 마찬가지고, 모습이 보이지 않는 교사로부터 배우는 것이다. 책을 읽는 것 자체가 배우는 것이다."
(모티머 J. 에들러 외, 『독서의 기술』, 범우사, 2019, 22쪽)

사람들은 사실 충고, 조인 같은 일방적 배움을 싫어합니다. 그래서 그런지 '배움의 독서' 개념을 많이 반기지 않아요. 일방적으로 또 뭔가를 전달받아야 한다고 생각하면 지긋지긋해지죠. 여기서 잠시 멈춤. 우리가 무언가를 꼭 일방적 수업으로만 배웁니까? 서로 이야기를 하면서, 지적인 대화를 통해 깊은 통찰을 얻을 수도 있죠. 물론 독서에는 일방향적인 부분이 있습니다. 내가 말하는 걸 저자는 들을 수가 없으니까요. 그런데 프랑스의 실존주의 철학자 장 폴 사르트르_{Jean-Paul Sartre}는 독서에 대해 조금 다른 이야기를 합니다.

"도서관은 거대한 공동묘지고, 독서란 무덤에 묻혀 있는 그 사람을 불러내서 이야기를 나누는 것이다."

이 말을 듣고 저는 무릎을 쳤습니다. 가장 좋은 방식의 독서가 여기에 있더라고요. 저 역시 책을 읽는다는 건 문자 텍스트를 이해하는 것이 아니라 저자와 '대화'하는 것이라고 생각합니다.

우리는 책 한 권을 얼마나 오래 읽던가요? 하루, 일주일, 한 달 동안도 읽을 수 있죠. 그런데 1년 내내 같은 책을 읽을까요? 그렇진 않을 거예요. 그런데 저자는 책을 완성하기 위해 1년 이상 붙들고 씁니다. 어떤 경우엔 1년이 아니라 3년, 심지어 10년씩 붙들고 있을 수도 있고요. 책에는 한 사람의 인생이 담겨 있고, 공부한 공력이 담겨 있고, 사상, 핵심, 마음, 영혼까지 담겨 있어요. 그것을 언어로 표현했을 뿐입니다.

책에 대해 우리는 저자만큼 시간을 많이 투지하지 않습니다. 그렇기에 읽는 사람은 책 뒤에 숨겨진 저자의 시간에 대해 추측할 필요가 있습니다. 그 과정에서 책의 뿌리를 더 깊이 이해할 수 있어요. '왜 이 사람이 왜 이런 얘기를 했을까?', '이 사람은 어떤 배경에서 이런 말을 하게 됐을까?', '이 사람은 지금 무슨 말을 하려고 하는 걸까?' 이런 질문을 던지다 보면 겉으로 드러난 문자의 총합을 읽는 게 아니라 의도를 읽을 수 있습니다. "아! 그렇구나!"라고 조금이라도 깨닫는 것이 생기면 그것을 내 삶에 적용하는 것, 나를 위한 메시지를 책에서 찾아내는 순간이 바로 책과 대화하는 순간입니다. 이런 소통의 과정이 바로 진짜 독서죠. 유명한 사람이 무슨 말을 적어놓았는지 확인하는 것이 아니라, 내 마음에 들어온 어떤 메시지 혹은 구절을 진심으로 받아들일 때 여러분은 독서라는 '대화'를 시작하신 겁니다.

책을 읽을 때 꼭 기억해 주세요. 책을 사면 텍스트만 오는 게 아니에요. 그 책을 쓴 저자의 영혼이 따라오고, 일생이 따라옵니다.

책은 저자가 땅에 뿌리를 내리고 애써 피어올린 꽃과 같습니다. 자신이 살아온 인생, 배운 공부, 사랑했던 사람, 살았던 시대. 모든 게 꽃이 필연적으로 피어날 수밖에 없는 배경입니다. 그러니까 책을 읽을 때는 보이지 않는 저자를 살펴주세요. 안 보이는 것을 읽었을 때 우리는 "아주 잘 읽었다"고 말합니다.

▎의미 없고 헛된 대화에 지쳤을 때

제가 독서의 중요성을 강조할 때마다 '너는 떠들어라, 나는 책을 읽어도 이해 못 하겠다. 그래서 독서가 너무 싫다' 하는 상황이 펼쳐지는 게 아쉽습니다. 너무 어렵게 생각하지 마세요. 어떤 책을 읽을 때 그 책을 다 씹어먹겠다고 생각하지 마세요. 그 책에서 어떤 구절이 나를 쳤다면, 그 구절을 잡고 나오시는 거예요. 책을 읽을 때 '너는 흰색 종이고, 적혀 있는 건 까만색 글자구나'라고 생각하는 건 표면적으로만 보는 겁니다.

'작가가 이걸 왜 썼지?', '이런 말을 하려고 했구나!', '작가가 나한테 화두를 던졌네', '나는 이런 생각이 들어' 이렇게 생각하면서 나를 두드리는 구절하고 이야기를 나누는 겁니다. 이런 점에서 독서는 누군가와 대화를 나누는 일 그 이상도 이하도 아니라는 점을 기억하시면 좋겠어요.

혹시 여러분, 이런 경험 있으신가요? 저는 지인들과 카페에서 브런치를 할 때가 종종 있는데요, 신나서 막 떠들기도 하죠. 그런데 어떨 때는 공허해지고, 내가 말을 너무 많이 했다는 후회도 생깁니다. 회식은 더합니다. 회식할 때 분위기가 시끌벅적하잖아요. 신나게 먹고 마신 후 밤늦게 택시를 타면 소위 말하는 '현타'가 올 때가 있어요. 괜히 말했다 싶고, 할 수만 있다면 다시 주워 담고 싶은 말들이 있죠.

그 모든 대화를 지우고 싶을 때, 우리에게는 조금 다른 대화가 필요합니다. 저는 그럴 때 조용히 책을 봅니다. 졸릴 때까지요. 다음 날 아침이 돼서도 그 찜찜한 마음이 사라지지 않으면 또 조용히 앉아서 책을 봐요. 책을 볼 때는 가만가만, 저자하고 단 둘이서만 대화를 나눌 수 있습니다.

소설을 보면 낯설고도 익숙한 세계가 펼쳐집니다. 작가가 특별히 나에게 보여주는 세계인 거죠. 지식이 담긴 학술서를 보면 내가 몰랐던 것을 저자가 특별 과외 해주는 것 같아요. 제 마음이 저자를 따라다니며 생기를 찾을 때도 있죠. 책을 매개로 한 저자와의 소통은 브런치나 회식에서 나를 잃어버리면서까지 떠들었던 말과는 질적으로 다릅니다. 독서라는 대화는 내가 시작하고, 내가 덮을 수 있습니다. 바깥으로 나가서 소비되는 대화가 아니라 내 안으로 들어와 쌓이는 대화가 됩니다. 저는 인간관계에 지치면 실제 사람이 아니라 책 속의 사람(저자)을 찾아갑니다.

한번 해보세요. 의미 없고 헛된 대화에 지쳤다는 생각이 들 때, 한 권의 책을 통해 단 한 명의 저자와 이야기를 시작하세요. '이런 대화는 나한테 유익한걸?' 하는 생각이 드실 겁니다.

▮ 내 감정을 읽고 싶을 때, 시

우리가 읽을 수 있는 책의 종류는 굉장히 많습니다. 여러분이 지금 읽는 책은 무엇인가요? 혹시 시집을 읽고 계신 분 있으신가요? 강연에서 물어보면 100명 중 한두 사람이 손을 듭니다. 소설은 그보다 훨씬 많고요. 사회, 역사, 문화, 철학 분야의 책을 읽는 분들도 계세요. 자세히 보면 손을 드는 분들이 계속 드시더라고요. 책을 읽거나, 안 읽거나. 이렇게 나뉘는 것 같습니다.

독서는 시작이 어렵지 그 다음은 생각보다 괜찮습니다. 지금부터 제가 책의 각 분야에 대한 핵심을 설명할 테니, 이 중에서 마음에 드는 분야를 골라보세요. 뭐든 하나는 있을 겁니다. 제가 시 전공이니, 시 먼저 소개할게요.

시가 어렵다고 느끼시는 분들이 많습니다. 하지만 시를 읽으면 어떤 점이 좋냐면(나쁜 점은 말씀 안 드릴 거예요), 자신을 조금 알게 됩니다. 시집 한 권에는 보통 60편 정도의 시가 실려 있습니다. 시집을 읽을 때 60편 중에서 단 한 편이라도 내 마음에 들면 저는 성공이라고 봅니다. 거기에 실린 건 시인의 마음이잖아요. 그 사람의 마음을 쓴 것이지 내 마음을 쓴 게 아니거든요. 저는 수많은 시들 중에서 마음에 드는 시를 만나면 이런 감탄사를 터뜨립니다.

"어머, 어머! 이거 내 마음인데, 이 사람이 벌써 갖다 써놨네."

시는 이미지, 언어, 분위기가 중요합니다. 어떤 단어나 구절이 마음에 든다면 그것을 모아 간직하세요. '이 시를 다 이해하겠다'는 욕심은 조금 내려놓는 것이 좋습니다.

한 줄, 또는 어떤 구절이 내 마음이라는 생각이 들면, 그 시집은 이미 여러분한테 온 거예요. 우리는 자신의 마음을 잘 알고 있다고 생각하지만 또 어떤 때는 잘 모르기도 합니다. 그런데 시를 읽다 보면 '아, 내가 느낀 마음이 이거였구나!' 하는 순간이 있습니다. 꼭 내 마음을 미리 써놓은 것 같죠. 이렇게 시집을 읽으면 자기 마음을 알게 됩니다. 알쏭달쏭 있는지도 몰랐던 내 감정을 분명하게 파악하는 장점이 있어요.

▌세상을 다양하게 경험하고 싶다면, 소설

소설은 작가가 낳은 자식입니다. 그렇기에 작가가 누구냐가 소설을 이해하는 데 큰 영향을 미칩니다. 이 작가가 18세기 사람인지, 우리랑 동시대 사람인지, 동양 사람인지, 서양 사람인지에 따라 소설은 달라지죠. 그래서 작가의 이력을 확인하고 소설을 읽으면 좋습니다.

또 소설은 작가 자신이 세상을 살아가는 방법을 모의실험한 것입니다. '이 세상은 결국 따뜻한 곳이야', '이 세상은 좀 이상한 곳이야', '이 세상은 정말 살기 힘들어', '여긴 전쟁 같은 세상이야' 등 각각 판단이 다릅니다. 작가는 주인공을 허구라는 실험실 안에 넣어 정답을 찾아보라고 시키고 그 과정과 결과를 모아 소설을 씁니다. 이걸 보는 독자 입장에서는 일종의 간접 경험인 셈이죠. '나는 잘 몰랐는데 이 소설의 세계가 사실 지금 세계네', '이 소설을 읽다 보니 정말 그런 것 같아'라고 생각한다면, 나와 작가가 비슷한 세계관을 갖고 있는 거예요.

그리고 내가 몰랐던 세상의 풀이 방식도 알게 됩니다. 세상을 보는 눈이 달라지고, 소설을 통해 인생을 여러 번 살게 됩니다. 그래서 소설을 많이 읽으면 영리해져요. 꼭 넘어져 봐야 아픈 걸 아나요? 똥인지 된장인지 찍어 먹어봐야 아나요? 대신 소설에서는 "이건 청국장이야", "이건 된장이야", "이건 똥이야" 이렇게 얘기를 해줍니다. 우리는 그 냄새를 맡으면서 판별 훈련을 하는 셈이죠. 이런 간접 경험을 통해서 '거기 가면 뭐가 있구나', '이렇게 되면 어떻게 되는구나'라고 생각하며 인생을 여러 번 살게 되는 겁니다. 그래서 저는 소설을 읽으면서 내가 보았던 세계의 의미와 내가 보지 못했던 세계를 발견하곤 합니다.

▌삶의 의미를 찾고 싶은 순간, 에세이

에세이는 작가의 일화들로 구성되어 있습니다. 각각의 일화가 소설처럼 연결되어 있지는 않습니다. 에피소드처럼 따로따로 읽히죠. 그럼 연결되지 않는 이 이야기를 왜 읽을까요? 에세이에서 중요한 것은 작가의 자세입니다. 작가가 인생을 어떻게 바라보고 있는지, 어떠한 모토로 삶을 살고 있는지, 삶을 대하는 자세를 읽어야 합니다. 그래서 여러분의 마음에 드는 한두 개의 일화와 작가의 자세를 얻어갈 수 있다면 에세이는 그걸로 충분합니다.

에세이를 읽다 보면 마음이 차분해집니다. 에세이에는 소란스럽거나 흥분된 글이 없어요. '주식 잘하는 법', '건물주 되는 법' 이런 실용적 내용이나 최신 정보도 없어요. 인생이란 무엇이고, 내가 걸어온 삶이란 무엇이며, 나는 어디로 가야 하는가. 이런 내용이 대부분이죠. 그래서 삶의 잔잔한 에너지를 찾을 수 있는 게 바로 에세이입니다.

▌눈을 밝게 하고 마음을 단단히 만든다, 대중서

요즘은 대중적 학술서도 많습니다. 특히 사회과학 분야의 책들이 인기죠. 사회학자들은 의사와 비슷합니다. 의사가 청진기를 환자의 몸에 대고 진찰을 하잖아요. "지금 장에 가스가 가득 찼어요", "폐에 염증이 생겼군요" 이런 진단을 내리죠. 사회학자는 '사회'라는 몸에 청진기를 대고 진찰을 합니다. "대한민국이라는 사회는 위험사회네요", "어머나, 이 사회는 특별히 피로한 사회네요" 이런 진단을 하는 거죠. 그렇기 때문에 사회과학 분야의 책을 많이 읽으면 사회의 문제를 알 수 있습니다. 문제를 알아야 해결을 하겠죠? 문제를 안다는 것은 사회의 속성을 안다는 말이기도 합니다. 이런 책을 읽고 나면 사회를 보는 눈이 밝아집니다.

철학책은 사회과학책과는 반대편에 있습니다. 사회과학책이 사회가 돌아가는 현상을 향해 있다면 철학책은 인간의 본성이란 무엇인지, 세계의 본질이란 무엇인지, 그 근원을 향합니다. 철학의 목표 지점은 지구 내핵급이죠. 철학을 배우면 본질을 알게 되어 사람의 생각이 단단해집니다.

역사책은 왜 읽으라고 할까요? 지금과 상관도 없는 먼 옛날에 있었던 이야기를 왜 알아야 할까요? 많은 이유가 있겠지만 역사는 관계의 학문입니다. 역사를 보면 전쟁 이야기가 많아요. 지금은 어떤가요? 전쟁이, 위기가 끝났나요? 역사는 돌고 돈다는 말이 있죠. 조선시대 우리의 외교 정책이 균형을 잃었던 순간, 우리에게 어떤 일이 일어났나요? 과거의 경험을 가지고 21세기 외교를 추론해 보는 거예요. '관계의 중요성과 힘의 역학'을 우리는 역사책에서 보게 됩니다.

▌마음을 밝히는 동화

동화는 읽기 어렵지 않습니다. 주제도 맑고 순하죠. 동화를 읽을 때는 작가가 만든 세계관의 온도와 색을 느끼는 것이 중요합니다. 그것이 순수의 세계를 향하는지, 친구와의 우정을 다루는지, 동물이나 자연에 대한 소중함을 말하고 있는지 생각하면서 그 세계를 상상해 보세요. 우리가 찾아야 할 것은 작가가 재구성한 세계관입니다. 이 세계관을 이해했다면 동화에 흠뻑 빠져 읽으신 겁니다.

지금까지 여러 종류의 책을 소개해 드렸는데요, 이 중에 하나라도 마음에 드셨다면 그것은 아주 좋은 신호입니다. 이제 읽기만 하면 됩니다. 제가 만나는 모든 사람에게 읽기를 권하는 건 읽기라는 인풋이 없으면 생각하는 능력이 점점 느려지기 때문이에요. 이것에 대한 이야기는 다음 장에 이어서 하겠습니다.

04

읽을 때마다 달라지는
책의 매력

▌ 뇌가 느려진다고 느껴질 때

책을 읽지 않을수록 우리의 이해력은 떨어지고 표현력도 낮아집니다. 인간만 그런 게 아니라 모든 이치가 그래요. 인풋이 적으면 아웃풋이 적어지죠. 생성형 AI를 만들 때 가장 중요한 것이 '로 데이터raw data'라고 합니다. 가공되지 않은 원 자료, 즉 기본 텍스트를 말합니다. AI에게도 고차원적인 좋은 텍스트를 많이 읽혀줘야 좋은 답변을 얻을 수 있다고 합니다. 스스로 학습하기 이전에 좋은 인풋이 많이 들어가야 한다는 거죠.

　저는 한때 책을 굉장히 많이 읽었어요. 그런데 업무가 많아지면서 책을 덜 읽게 되었고, 그런 시간이 쌓이자 두뇌 회로가 늦어지고 생각하는 과정이 둔탁해지고 있다는 걸 느낍니다. 이런 점이 잘 드러나는 게 글쓰기에요. 한 권을 읽었으니 한 권만큼 쓸 수 있다고 생각하는 건 천만의 콩떡입니다. 100권을 읽어야 한 권만큼 쓸 수 있어요. 그만큼 많이 읽어야 아웃풋이 조금 나오는 거죠. 인간의 회로는 AI와 달라서 처음에 많이 넣어준다고 바로 쭉쭉 나오는 게 아니라 주기적으로 계속 넣어줘야 하거든요.

일정 기간을 정해놓고 많이 부어보세요. 독서를 많이 하는 겁니다. "어라? 내 두뇌 회로가 잘 돌아가는데? 표현력이 좋아졌는데? 생각의 폭과 깊이가 좀 생겼는데?" 이런 생각이 드실 겁니다.

▌ 아이는 웃고, 나는 우는 책

책은 고정된 텍스트인 동시에 살아있는 것이기도 합니다. 미친 소리로 들리시나요? 그럴까 봐 말하고 싶지 않았습니다만 사실입니다. 왜 그런지 일단 제 이야기를 들어보시죠. 저희 아버지는 밥 먹듯이 책을 사서 모으시는 분이었어요. 월급을 받으면 가장 먼저 동네 서점에 외상값을 갚으셨죠. 그리고 다시 외상을 달고 책을 사서 오셨습니다. 그 많은 책이 참 골칫거리였어요. 우린 '골방'이라고 불리던 작은 헛간에 책을 쌓아놨는데 저는 그 장소를 사랑했습니다. 거기엔 어린 책과 나이 든 책이 있었어요. 잉크 냄새가 진하게 배어 있는 새 책들이 있는가 하면, 손만 대면 바스러질 것처럼 오래된 책들도 있었죠. 책도 나이를 먹습니다. 사랑을 받으면 예쁘게 반짝이기도 하죠.

어렸을 때도 그랬지만, 책을 계속해서 읽어가면서 책이 문자화된 텍스트나 정보의 집약체가 아니라 살아있는 유기체라는 생각을 하게 되었습니다. 같은 책을 열 살 때 읽고, 서른 살에 읽고, 지금 읽을 때, 그때마다 책이 나에게 하는 말이 다 다릅니다. 내가 달라지면 책도 달라집니다. 내가 자라면 책도 자랍니다.

제가 참 좋아하는 책이 트리나 폴러스Trina Paulus의 『꽃들에게 희망을』(시공주니어, 1999)인데요, 초등학교 필독서이기도 합니다. 저희 아이가 열 살 때 이 책을 읽었는데 반응이 놀라웠어요. 아이는 굉장히 웃기다고 했거든요. "엄마, 애벌레가 나왔어. 꿈틀꿈틀거리네. 엄청 못생겼다."

아이에겐 웃긴 책인데, 저는 읽을 때마다 눈물이 납니다. 이건 절대 단순한 이야기가 아니에요. 책을 보면 애벌레들이 막 기어갑니다. 수많은 애벌레가 기둥을 만들면서 위로 올라가죠. 밟고 밟히면서도 왜 기를 쓰고 올라가는지 이유를 몰라요.

"너 왜 올라가?"

"몰라. 쟤네가 올라가니까 올라가는 거야."

"저 꼭대기 위에 뭔가가 있대."

"굉장히 좋은 게 있나 봐."

이러면서 막 올라가요. 그중에 검정 애벌레가 노랑 애벌레를 만나서 이런 대화를 나눕니다.

"우리 올라가지 말까?"

"그래. 이건 아니야. 그냥 우리 둘이 살자."

그냥 둘이 잘 살지, 검정 애벌레는 그래도 저 위에 뭐가 있는지 궁금하다며 노랑 애벌레를 떠납니다. 다른 애벌레들을 밟아가면서 다시 올라가요. 가보니까 아무것도 없어요. 그래서 내려오면서 말해줘요.

"올라갔더니 아무것도 없어. 올라가지 마. 너희들은 고생하지 마."

하지만 다른 애벌레들은 믿지 않아요.

"거짓말하지 마."

"너 혼자 좋은 거 봤지?"

"우리한테 감추려고 말 안 하는 거지?"

그러면서 다른 애벌레들은 기어이 올라갑니다. 저는 바로 이 부분에서 그렇게 눈물이 날 수가 없어요. 10살에 읽는 『꽃들에게 희망을』과, 자소서 100장을 냈는데 모두 떨어진 취준생이 읽는 『꽃들에게 희망을』과, 50대에 명퇴한 사람이 읽는 『꽃들에게 희망을』은 의미가 다릅니다.

'나도 저런 애벌레잖아. 저거 내 이야기잖아.'

저 역시 마음의 소리를 듣지 못하고, 다른 사람들을 따라 경쟁 속에 나를 밀어 넣었습니다. 이렇게 공감하는 순간, 눈물 폭포가 쏟아집니다. 제 아이는 짓궂은 마음이 들 때 저에게 그 책을 갖고 와서 읽어달라고 해요. 왜냐하면 엄마가 우니까, 그 우는 모습을 보려고요. 그러면서 "운다, 엄마 또 운다" 하고 놀리는데 철없는 우리 아드님도 알게 되겠죠. 나중에 어른이 되면 그 책이 전하는 다른 목소리를 듣게 될 겁니다.

▌나 자신을 위한 구절을 찾는 것

저에게 『꽃들에게 희망을』은 위대한 고전입니다. 진짜 고전이란 바로 이런 거예요. 읽을 때마다 다른 의미가 나오는 책. 그래서 고맙고 위대한 책. 책이 달라지는 게 아니라 사실은 내가 달라지는 겁니다. 옛날에 나온 책이 아니라도 이런 책이 있다면 그걸 고전 명작이라고 부를 수 있어요.

비슷한 이야기를 이태준 소설가도 한 적이 있습니다. 이태준의 『무서록』에서 제가 제일 좋아하는 수필은 바로 「산」이라는 작품인데요, 이런 내용이 나옵니다.

松下問童子(송하문동자) 소나무 밑에서 동자에게 물었다

言師採藥去(언사채약거) "스승님께서는 약초를 캐러 가셨습니다"

只在此山中(지재차산중) "산중에 계시는 것이 맞는데"

雲深不知處(운심부지처) "구름이 짙어서 어디 계신지는 모르겠습니다"

서당에서 아무 뜻도 모르고 읽었다.

차차 알아질수록 좋은 시경이다.

_이태준, 「산」 중에서, 『무서록』 수록, 박문서관, 1941

이태준 소설가는 '차차 알아질수록 좋은 시경이다'라고 했습니다. 시경의 구절은 변하지 않았지만 이태준이 변한 것이죠. 처음 읽었을 때는 그도 잘 몰랐습니다. 그러나 자란 후에 읽으니까 더 보이고, 더 느끼는 부분이 생기는 거예요. 그리고 저 시경이 어른 이태준을 다시 변화시킬 겁니다. 비슷하게는 장석주 시인이 이런 말을 했어요.

"내가 읽은 책이 곧 나의 우주다."

우리가 왜 유기농 식사를 합니까? 건강한 음식, 좋은 음식을 먹어야 건강하니까요. 먹은 음식이 내 일부가 되잖아요. 책도 마찬가지예요. 책을 읽으면 내 안에 스며들어와서 내 정신과 영혼의 일부가 됩니다. 텍스트를 읽기만 하는 것이 아니라 그 텍스트를 가져와서 내 안에 일부가 되게 만드는 것이 독서의 끝입니다.

내 안에 꽂히지 않으면 어떤 읽기도 의미가 없습니다. 필사할 때도 우리는 글씨를 쓰면서 의미를 되새기려고 하잖아요. '구절 아, 내 맘에 들어오렴' 이런 뜻이죠. 결국 읽기는 오로지 자기 자신을 위한 행위입니다. 목표를 너무 원대하게 두지 말자고요. 그러면 가다가 지칩니다. 책에서 '나 자신의 구절 찾기'를 해보세요. 이 소박한 목표가 독서의 처음이자 완성입니다.

05

독서력 향상을 위한 실전 꿀팁

▌ 요약하면서 읽기

"선생님, 어려워요. 저자는 왜 이렇게 어렵게 썼는지! 무슨 말인지 모르겠어요." 유명한 책이라고 해서 읽어봤는데 도통 모르겠다는 말을 학생들로부터 종종 듣곤 합니다. 이럴 땐 이렇게 해보세요. 첫 번째, 요약을 하면서 읽는 겁니다. 요약을 어떻게 하느냐면, 한 챕터를 끝낸 다음에 다음 챕터로 바로 넘어가지 말고 잠시 생각을 해보는 겁니다.

"이 챕터가 말하려는 게 뭐지?" 질문을 하고, 머릿속에 떠오르는 것을 정리한 다음 넘어가세요. 저자의 말 하나하나에 너무 신경 쓰지 마세요. 나무에 집중하기보다 숲의 분위기를 보는 겁니다.

"당신(저자), 지금 어떤 숲을 만들려고 하고 있어?" 이런 점을 질문하고 생각해 보세요. 숲에 대한 파악이 바로 요약입니다. 자세하게 요약할 필요는 없습니다. 우리가 미궁에 들어갈 때 벽돌이 어디 있는지 모두 알아야 하는 건 아니잖아요. 위치가 대략 어떻게 흘러가는지 큰 흐름을 잡는 게 굉장히 중요하죠. 내가 하는 요약이 미궁에서 빠져나오게 도와주는 등불인 셈입니다. 지금 요약한 내용을 쥐고 다음 챕터로 들어가세요. 다음 챕터가 끝나면 마음속으로 다시 요약을 하는 겁니다. 이런 식으로 요약들을 등불로 삼아서 책의 미로를 지나가는 겁니다.

▎ 질문하면서 읽기

두 번째는 질문하면서 읽는 겁니다. 특히, '제목'에 대한 질문을 하면 좋습니다. 에리히 프롬Erich Fromm의 『사랑의 기술The Art of Loving』이라는 책이 있습니다. 이때 기술은 '스킬skill'이 아닌 '아트art'입니다. 그는 왜 '아트'라는 단어를 선택했을까요? 그것에 대한 질문을 가지고 책으로 들어가세요. 세상에는 아주 난해하고 어려운 책들이 있습니다. 이때 '나는 이 제목에 대한 답을 찾을 거야'라고 생각하면 뚫고 지나갈 수 있습니다.

영화 <곡성>을 보셨나요? 곡성이 지역 이름일까요? 곡하는 소리를 말하는 걸까요? 사람마다 해석이 다를 수 있겠죠. 그런데 정리가 된 사람은 이를 다른 사람한테 설명할 수 있습니다. <기생충>이라는 영화의 제목은 무엇을 의미하는 걸까요? 자신이 찾은 의미를 설명할 수 있으면 영화를 잘 본 겁니다. 영화의 디테일까지 다 기억해야 하는 건 아니니까요.

책도 마찬가지입니다. "책 제목의 의미는 무엇일까?" 이 질문에 대한 답을 쥐고 나오면 이 책은 내 안에 들어온 겁니다. 모든 단어와 모든 이해를 완성하지 않았다고 자책할 필요가 전혀 없습니다.

▎메모하면서 읽기

세 번째는 메모를 하면서 읽는 방법입니다. 완독을 못하더라도 한 문단이나 한 문장이 좋을 수 있잖아요. 그럼 메모하는 겁니다. 저는 좋은 구절이 나오면 반드시 따로 메모합니다. 내가 좋아했던 구절을 타이핑해 두면, 머릿속에 깊이 들어옵니다. 특히 이 방법은 이해가 덜 되었을 때 유용합니다. 타이핑을 치는 과정에서 몰랐던 것을 이해하게 된 경험이 몇 번 있었어요.

우리가 여행을 떠날 때를 생각해 볼까요? 여행에서 남는 건 사진밖에 없다고 말하잖아요. 저는 출발하는 순간부터 사진을 찍습니다. 덜 싼 여행 가방도 찍고, 아이들 표정도 찍고, 밥 먹으러 가서도 찍고, 돌아오는 순간에도 사진을 찍어요. 3년, 5년, 10년이 지난 후에도 사진의 처음부터 끝까지 주르륵 보면 그 여행이 다시 복기復記가 됩니다.

독서도 마찬가지예요. 마음에 드는 구절을 만나면, 책의 귀퉁이를 접고, 밑줄도 긋고, 페이지를 사진으로 찍고, 타이핑도 해보세요. 그러면 사진을 따라서 여행을 기억하는 것처럼 책을 다시 읽는 효과가 있습니다. 어떤 의미는 즉각적으로 생기기보다 나중에 생기기도 합니다. 여행할 당시에는 미처 몰랐던 의미가 여행을 되새기면서 따라오는 것처럼 말이죠. 스냅 사진 같은 메모를 통해 책의 의미를 되새기는 깊이 있는 읽기가 가능합니다.

▌여러 번 읽기의 좋은 점

많은 사람들이 저에게 독서 레벨을 올리고 싶지만 방법을 모르겠다고 말합니다. 그럴 때 저는 "한 권의 책을 여러 번 읽으세요"라고 대답합니다. 또 어떤 분은 이렇게 질문합니다. "다양한 책들을 읽는 게 더 좋지 않을까요? 한 권을 여러 번 읽으면 시간 낭비 아닌가요?"라고요. 저는 특히 읽기 훈련이 필요하다고 느낀다면 한 권의 책을 여러 번 읽어보기를 권합니다. 독서는 일종의 땅파기 훈련과 같습니다. 마음의 훈련, 육체의 훈련, 정신의 훈련이 동반되는 활동이죠. 모든 훈련이 그렇듯 책 읽기 훈련 역시 반복했을 때 가장 큰 효과를 볼 수 있습니다.

저는 책을 읽는 횟수가 많아질수록 독서의 소화력이 높아진다고 생각합니다. 여기에 추가 팁. 사람들이 읽고 싶어하는 난해한 책들은 단어가 어려운 경우가 많습니다. 문장이 아니라 단어, 개념어, 용어들 때문에 이해가 안 되는 겁니다. 그걸 계속해서 읽다 보면 그 단어들이 익숙해지고, 내가 실제로 구사하는 단계까지 옵니다. 이렇게 한 권을 탈탈탈 털어 먹고, 그다음 책으로 넘어가면 점차 독서가 쉬워지는 것을 경험할 수 있습니다. 그래서 저는 독서 레벨을 늘리고 싶은 분들에게 한 권의 책을 물릴 때까지 많이 읽어보는 것을 추천합니다.

지금까지 잃어버린 국어 교과서를 되찾는 첫 여정을 함께했습니다. 우리한테 국어가 무엇이었으며, 국어는 무엇이 되어야 하고, 국어가 왜 어렵고 싫었는지 살펴봤죠. 어떤 대상과 잘 지내고 싶을 때 "지금 우리가 어떤 관계지?", "내가 얘를 좋아하나?", "얘가 나한테 어떤 의미지?" 이렇게 물어보게 되잖아요. 국어와 나의 관계도 이런 질문을 통해 확인해 보는 것이죠.

국어는 문명, 세계, 인간을 읽는 것이고, 국어라는 과목뿐만 아니라 과학, 철학, 역사 등 다양한 과목에 걸쳐져 있는 광범위한 친구라는 것을 알 수 있었습니다. 그리고 읽기라는 활동이 국어에서는 굉장히 중요한데, 텍스트를 습득해서 이해하고 소리내는 것에 불과한 일이 아니라 일종의 해석이라는 점도요. 읽기를 할 수 있는 여러 가지 텍스트들 (시, 소설, 철학서, 사회학서, 역사서, 에세이 등)의 장점과 독서 능력을 업그레이드 하는 실전 팁도 나눠보았습니다.

이어지는 2강에선 시 이야기를 해드리려고 합니다. 시는 어렵다고 생각하는 분들도 많습니다. 네, 사실 어렵습니다. 하지만 동시에 안 어렵기도 합니다. 모르겠다고 피하기에는 시를 읽으면서 느낄 수 있는 기쁨이 무척이나 큽니다. 시가 우리에게 어떤 기쁨이 되고 즐거움이 되는지를 재미있게 설명해 드릴게요. 기대해 주세요.

나의 두 번째 교과서
×
나민애의 다시 만난 국어

2강

시,
그리운
순간과의
조우

2강을 시작하며

여러분은 시를 좋아하시나요? 저는 시에 대해 할 말이 조금 많은 사람입니다. 무려 20년 전, 저의 결혼식 날 있었던 일화로 시작할게요. 시와 결혼이 무슨 연관이 있냐 싶겠지만, 저에게는 아주 중요한 연결 고리가 있답니다. 대학 시절 남편은 법학을, 저는 시학을 공부했는데 주례를 맡아 주신 분이 제 지도교수님이었어요. 선생님이 주례 중에 이런 말씀을 해주셨답니다.

"신랑은 법학을 공부하는 사람입니다. 법이란 인간의 법이죠. 그런데 신부는 시학을 공부하는 사람입니다. 시학이라는 것은 하늘의 법입니다. 그러니 법학 공부하는 신랑보다 시학 공부하는 신부가 더 멋진 것을 공부하는 겁니다."

졸지에 결혼식장에서 신랑보다 멋진 걸 공부하는 사람이 되었죠. 저는 신랑을 이길 의도가 전혀 없었는데 우리는 경쟁을 하고 말았습니다. 눈치는 보였지만 선생님이 하실 법한 말씀이라고 생각했어요. 선생님은 시인이셨거든요. 시를 쓴다고 해서 밥이 나올까요, 떡이 나올까요? 하지만 그들은 운명적 자부심으로 시를 씁니다.

"시는 정말 멋진 거야, 시는 정말 고결하고 고귀한 거야."

선생님은 이런 마음으로 시를 쓰시거든요. 돈이 안 되는 시학을 공부한다고 해서 법학 전공한 남편에게 기죽지 말라는 의미로 하신 주례사일 겁니다.

시의 매력에 푹 빠진 또 한 사람이 있어요. 바로 저의 친정 어머니입니다. 당신은 시인하고 결혼하셨잖아요. 초등학교 선생님이라는 말을 듣고 만났는데, 나중에 아버지가 우물쭈물 시를 쓴다고 하시더래요. 하지만 크게 신경 안 쓰고 '뭔지 모를 뭔가를 쓰는가 보다' 이렇게만 생각하셨는데 안타깝게도 결혼 생활을 하면서 시인이 무엇인지 알게 되신 거죠. 어머니는 시인의 삶이 고달프다고 싫어하셨어요. 그래서 어렸을 때부터 조기 교육을 단단히 시키셨어요. "네가 좋아하는 사람이면 돼. 그런데 시인은 안 돼. 문학이나 예술을 하겠다는 남자하고는 절대 결혼하지 마라."

이러던 어머니가 요즘 시를 쓰십니다. 지금 일흔이 넘으셨는데요, 환갑 때부터 시를 쓰고 계세요. 엉뚱한 내용에, 맞춤법이 좀 틀려도 너무 즐겁게 시를 써서 저에게 보내십니다. 천지개벽입니다. 신기하죠. 그렇게 시를 싫어하던 분이 직접 시를 쓰고 계시니까요. 그래서 우리 집엔 시인이 두 명이나 계십니다. 시는 대체 뭐길래 마성의 매력을 지녔을까요. 저에게는 일종의 탐구 주제인 셈입니다.

06

노래가 시가 되고,
시는 노래가 되어

▌ 태초에 시는 노래였다

요즘 시는 소수의 사람들만 쓰고 읽는 것 같습니다. 대체 우리는 언제부터 시에서 멀어진 걸까요? 저는 '노래하는 시'가 '읽는 시'가 된 다음부터라고 생각합니다. 태초에 시는 노래였거든요. 대중가요나 동요를 보면 그 흔적이 남아 있습니다. 예전에 가수를 '음유 시인'이라고 불렀던 것도 비슷한 맥락이죠. 송창식, 김민기, 김광석, 김현식, 유재하. 우리가 사랑한 그 이름들도 모두 음유 시인이라는 별칭을 갖고 있습니다.

　최근까지도 활동하는 가수 중 저는 시적인 아우라 때문에 최백호 가수를 무척 좋아합니다. 그의 노래 중에서 「나를 떠나가는 것들」의 가사 일부를 소개하겠습니다.

잘 가라, 나를 떠나가는 것들

그것은 젊음, 자유, 사랑 같은 것들

잘 가라, 나를 지켜주던 것들

그것은 열정, 방황, 순수 같은 것들

_최백호, 「나를 떠나가는 것들」 중에서

느껴지십니까? 가사가 이미 시입니다. 그냥 한 편의 시 그 자체예요. 노래가 된 시는 우리에게 몹시 자연스럽게 스며듭니다. 우리는 읽는 시는 어려워해도 노래하는 시는 어려워하지 않습니다. 마치 우리 안의 오래된 DNA가 '노래하는 시' 그 자체를 기억하는 듯하죠.

또 다른 예를 찾아볼까요? 여러분은 안치환 가수의 노래 「귀뚜라미」를 아시나요?

높은 가지를 흔드는 매미 소리에 묻혀

내 울음소리는 아직 노래가 아니오.

풀잎 없고 이슬 한 방울 내리지 않는

지하도 콘크리트 벽 좁은 틈에서

숨 막힐 듯 토하는 울음

그러나 나 여기 살아있소.

이 노래의 가사는 원래 시입니다. 나희덕 시인의 시 「귀뚜라미」에 곡이 붙어 노래로 불리게 된 겁니다.

이런 대중가요뿐만 아니라 동요에서도 노래가 된 시를 찾을 수 있습니다.

개나리 노오란

꽃그늘 아래

가지런히 놓여 있는

꼬까신 하나

_최계락, 「꼬까신」 중에서

가사만 읽어도 노래가 저절로 떠오르지 않나요? 국민 동요라
고 할 만큼 유명한 동요지요. 이 노래의 가사는 최계락 시인의 시
「꼬까신」입니다. 글자로 된 시를 읽을 때도 좋지만 노래를 들으면
입에서 가사인 듯 시인 듯 뭔가가 흥얼거려집니다. 그래서 '아, 태
초의 노래는 시였구나!'라는 생각이 절로 들죠. 저는 작사가 역시
시인이라고 생각합니다. 그분들의 말에 시의 말이 있으니까요.

▌ 무용한 것들을 좋아하세요?

드라마 <미스터 선샤인>에서 김희성(변요한 분)이 이런 말을 합니다.

  "나는 원체 무용한 것들을 좋아하오.

  달, 별, 꽃, 바람, 농담 그런 것들."

  대본을 쓰신 김은숙 작가를 개인적으로는 모르지만 시를 잘
아는 분임이 틀림없습니다. 그렇지 않다면 저런 대사는 나오기 힘
들거든요. 김희성이 좋아하는 저 모든 것들은 바로 시인의 전형적
인 친구들입니다. 선비에게 문방사우가 있다면 시인에게는 무용

한 아름다움이 있지요. 이백은 달을 노래했고 윤동주 시인은 「별 헤는 밤」을 썼습니다. 김춘수 시인은 「꽃」이라는 시를 썼고, 마종기 시인은 「바람의 말」을 썼지요. 별처럼 꽃처럼 무용한 것들을 사랑한 사람들이 바로 시인입니다. 밥도 되지 않는 무용한 것들이 왜 좋은 걸까요? 내 주머니를 두둑하게 만들지도 못 하는데 왜 사랑하는 걸까요?

　무용하지만 아름다운 것은 다 순간적으로 왔다가 금방 사라집니다. 시인은 지나가는 찰나의 감정을 포착하는 것에서 기쁨을 느끼죠. 우리가 영원히 스무 살이라면 과연 스무 살이 찬란할까요? 저는 제가 가장 예뻤을 때 예쁜 줄을 몰랐어요. 스무 살 때 사람들이 "참 예쁜 나이구나"라고 말해도 저는 저를 미워했죠. 마찬가지로 지금 이십 대 청년들에게 "참 예쁜 시절입니다" 하면 그들은 잘 모르더군요. 찰나니까 알 틈이 없어요. 하지만 찰나니까 아름답습니다. 금방 잃는 것은 효율적이지 않지만 아주 소중하죠.

▌ 살금살금 다가가서 휙 낚아채려면

시는 지금 이 순간을 남깁니다. 찰나에 나를 스쳐간 어떤 감정이 스냅 사진처럼, 딱 한 번 찍을 수 있는 폴라로이드 사진처럼 남습니다. 공중으로 사라지는 감정의 시간을 포착해 내 앞에 현현시키는 겁니다. 마법 같은 순간이죠.

　아무나 잡을 수 있는 건 아닙니다. 시인들도 살금살금 가서 휙 낚아챌 준비를 늘 하거든요. 아버지는 머리맡에 항상 종이와 연필을 두고 주무셨습니다. 왜 이런 습관이 생겼을까 궁금했는데 다 사정이 있었어요. 어느 아침에는 아버지가 잠에서 깨자마자 막 괴로워하셨습니다. "내가 어젯밤에 어떤 시를 꿈속에서 썼어. 정말 기가 막힌 구절을 썼는데 아침에 눈 떠보니까 기억이 안 나." 이걸 잡아야 한다며 시를 쓰십니다. 쓰면서 계속 지우세요. "이것도 아니야. 이것도 아니야." 그러더니 다음 날부터 아예 머리맡에다가 종이랑 펜을 두고 주무시더라고요. 자다가 벌떡 일어나서 쓰신다는 거예요. 그런데 한 번도 성공 못 하셨습니다. 그래도 메모 준비는 항상 하셨어요. 비록 꿈에서 쓴 시는 못 잡더라도 어느 순간, 스쳐 지나가는 것을 훅 잡아서, 언어로 포착해서 시로 쓰겠다는 의지가 있으셨던 거죠. 어렸을 때부터 아버지의 이런 모습을 보고 자라서인지 저는 시인들이 안쓰러울 때도 있습니다. 순간에 왔다 순간에 사라지는 무언가를 포착하겠다는 마음이 시인들에게 너무 간절하거든요. 예술가의 마음이 그렇습니다.

07

시를 쓰는 마음,
시를 읽는 마음

▌오감을 열어주는 시

시는 설명하기 힘듭니다. 저희 전공자들도 해설을 쓰기가 쉽지 않아요. 그러니 여러분이 시집을 읽기 쉽지 않음을 저 역시 압니다. 사실 시는 내 마음이 아니라 너(시인)의 마음입니다. 내가 포착한 장면이 아니라 다른 사람, 즉 시인이 '훅' 포착한 거잖아요. 내 마음하고 네 마음하고 일치하는 게 쉽나요? 공감이 생겨야 하는데, 공감은 잘 될 땐 잘 되고, 안 되려면 정말 안 되잖아요. 호불호와 경우의 수가 아주 많은, 비합리적이고 개인적인 영역이죠. 그래서 시 읽기에 처음 입문할 때는 짧은 작품을 여러 편 읽는 것을 추천합니다. 그중에서 하나는 마음에 드는 것이 있을 거예요.

시에도 여러 종류가 있습니다. 시인의 주관적인 정서나 내적 세계를 드러내는 시를 '서정시抒情詩'라고 합니다. '서정'은 '풀어낼 서抒'에 '감정 정情'으로 이루어진 말인데요, 말 그대로 감정을 풀어낸다는 뜻입니다. 감정의 빛깔이 얼마나 많던가요? 슬펐어, 우울했어, 찝찝하면서 긴장됐어, 알 듯 말 듯한데 사실은 모르는 것 같아, 속상하면서도 시원해. 이런 것도 다 감정이 분화된 거예요. 우리 감정은 몇 가지 고정된 색깔로 표현할 수가 없습니다. 그리고 시는 수많은 감정 중에서 하나를 풀어내는 것이죠.

그러니까 시를 읽을 때 색깔을 보고 냄새를 맡으셨으면 좋겠습니다. 어떤 시는 비 냄새가 납니다. 축축한 시도 있어요. 어떤 시는 곰팡이 냄새가 나는 것 같기도 해요. 오래된 이불 같은 시, 햇살 냄새가 나는 시, 초원의 냄새가 나는 그런 시도 있지요.

우리는 시를 눈으로 읽지만 시가 우리 안에 들어오면 뭔가 살랑살랑 살아나는 느낌이 듭니다. 시 속의 장소가 낯선데 마치 가본 듯 익숙하고, 바람 한 점 불지 않는데 바람을 만난 느낌이 들 때가 있습니다. 왜 그럴까요? 시는 언어로 되어 있지만 우리는 언어를 감각으로 바꾸어 상상할 수 있기 때문입니다.

시에서는 이미지가 중요하다고 합니다. 하지만 그 이미지를 시각에만 한정하는 것은 접어두세요. 현대사회는 시각성이 너무 지배적이어서 우리는 시선을 뺏어가는 눈앞의 스펙터클에 장악

되어 있습니다. 시를 읽을 때는 실제 눈보다 마음의 눈이 필요합니다. 읽으면서 중간중간 눈을 감고 생각하는 거죠. 이 작품이 어떤 장면에 대한 순간적인 포착인지를요. 시인이 입체적인 순간을 평면에 옮겨놨으니, 우리는 읽는 동안 수많은 감각들을 동원해서 평면을 입체로 다시 구현하는 겁니다. 마른 꽃잎처럼 우리에게 온 시가 우리 마음 속에서 꽃차로 피어나는 것이 '시 읽기'입니다. 시인들도 모든 감각을 다 동원해서 씁니다. 즉 시는 감정과 감각을 꾹꾹 눌러 보낸 편지입니다. 언젠가 딱 맞는 수신자를 찾아 헤매는 행운의 편지죠.

어떤 사람이 우울한 정서를 풀어내려고 했든, 그리움의 정서를 표현하려고 했든, 사랑하는 감정을 표현하려고 했든, 서정시는 정서를 풀어내는 겁니다. 시인의 정서와 내 정서가 만날 때 내가 겪었던 일이 마음속에서 재생되고, 잊고 있던 기억이 생각납니다. 그러니 시를 읽을 때도 시집을 읽을 때도 처음부터 끝까지 다 씹어먹겠다는 생각은 안 해도 됩니다. 내 마음을 두드리는 구절 하나, 내 안으로 들어온 시 한 편만 얻어도 성공입니다. 저는 시를 많이 읽고, 시집도 많이 삽니다. 신간이 나오면 거의 다 읽어요. 시집을 열 권 읽었는데 세 편이 내 마음속에 들어왔다면? 저는 이렇게 외칩니다. "심봤다!"

▌우리를 영원히 살게 하는 것

여러분, 기분이 나쁠 때 비가 오면 어떻게 느껴지나요? 꼭 하늘이 흘리는 눈물 같죠. 친구랑 싸우고 쨍한 햇볕 속을 걷고 있으면 햇빛조차 원망스럽습니다. 내가 슬프면 새가 운다고 생각하고, 내가 기쁘면 새가 노래한다고 생각하죠.

우리의 감정 상태에 따라 세상이 다르게 느껴지는 것처럼, 서정시를 읽을 때도 그런 기분이 듭니다. 조금 고상한 말로 표현하면, '서정시는 세계를 자아화한다'라고 말합니다. 세계를 '나'라고 하는 렌즈 안으로 끌어들이는 거예요. 내가 세상을 아름답게 보면, 비가 와도 좋고 눈이 와도 좋은 거죠. 내가 고양이를 사랑하면 고양이 똥도 사랑스럽게 보이죠. 내가 기분이 좋으면 세상이 반짝거리고, 기분이 나쁘면 세상이 우울해 보여요. 이런 게 '세계를 자아화한다'라는 의미입니다.

그런데 세계는 엄청나게 크잖아요. 나(자아)는 아주 작고요. 그러니 시의 힘이 얼마나 큰지 느껴지시나요? 시는 이렇게 큰 세계를 나라는 자아로 끌어당겨 해석을 한 결과물입니다. 시인마다 해석하는 방향은 다르지만, 세계를 내 안으로 끌어들이는 활동을 통해 시를 만들어 냅니다. 이것이 서정시의 작동 원리인 셈이죠.

이건 제가 생각한 게 아니라 유명한 이론가들이 한 말입니다. 그중 한 분이 스위스의 문예학자이자 역사가인 에밀 슈타이거Emil

Staiger입니다. 이분은 이를 '회감回感, Erinnerung'이라는 말로 표현했는데, 회감은 '다시 살게 한다', '영원히 살게 한다', '유일하게 살게 한다'라는 뜻입니다. 즉, 시가 우리 감정을 다시 돌아오게 한다는 말이죠.

'회감'이라는 단어는 어렵게 느껴지지만 사실 우리에겐 아주 익숙한 것이기도 합니다. 영화 <건축학개론>을 보신 적 있으신가요? 영화에 이런 장면이 있습니다. 남자 주인공이 한참 운전을 하고 있습니다. 옆에는 곧 결혼할 여성이 앉아 있죠. 라디오를 켰는데 어떤 노래가 우연히 나옵니다. 첫사랑 그녀와 하나의 이어폰을 한쪽씩 나눠 끼고 들었던 바로 그 노래예요. 노래를 듣는 순간, 지금의 나는 잠시 사라집니다. 대신 20살, 첫사랑에 빠져 있던 과거의 나로 돌아가죠. 감정이 그 시절로 회귀한다고 할까요. 언어가 자기가 태어난 곳으로 돌아가는 것처럼 잊고 있던 감정이 내게로 다시 돌아오는 겁니다.

시는 우리가 소중하게 여겼지만 잊고 있던 감정을 다시 돌아오게 합니다. 바로 이것이 우리가 시에서 얻을 수 있는 가장 큰 기쁨이고 마법입니다. 우리는 한 번밖에 살 수 없는 인생을 살잖아요. 인생이 소중한 건 게임처럼 리셋이 되지 않기 때문이죠. 그런데 시를 읽으면 지나간 줄 알았던 과거가 내 앞에 다시 돌아옵니다. 아주 순간이지만, 이런 순간을 놓칠 수가 없기에 저는 아직도 시를 읽습니다.

08

내 안의
나를 만나다

▌ 시가 내 안으로 걸어 들어왔다

제가 좋아하는 시 중에 박목월 시인의 「나무」가 있습니다.

유성에서 조치원으로 가는 어느 들판에 우두커니 서 있는, 한 그루 늙은 나무를 만났다. 수도승일까, 묵중하게 서 있었다.

다음날 조치원에서 공주로 가는 어느 가난한 마을 어구에 그들은 떼를 지어 몰려 있었다. 멍청하게 몰려 있는 그들은 어설픈 과객일까, 몹시 추워 보였다.

공주에서 온양으로 우회하는 뒷길 어느 산마루에 그들은 멀리 서 있었다. 하늘 문을 지키는 파수병일까, 외로워 보였다.

온양에서 서울로 돌아오자 놀랍게도 그들은 이미 내 안에 뿌리를 펴고 있었다. 묵중한 그들의. 침울한 그들의. 아아, 고독한 모습, 그 후로 나는 뽑아낼 수 없는 몇 그루의 나무를 기르게 되었다.

_박목월, 「나무」 전문

시인은 나무를 발견했습니다. 시인은 조치원 가는 길, 공주 가는 길, 온양 가는 길에 있는 아주 수많은 나무 중에서도 묵직하고 외로워 보이고 침울한 어떤 몇 나무들을 발견합니다. 왜 발견하게 되었을까요? 본인과 닮아 있어서입니다. 부처 눈에는 부처만 보인다고 본인 눈에 이미 그런 나무들이 자라고 있었던 거죠. 그것을 밖에서 발견한 거예요.

시인은 마음이 약간 묵중했을 것이고, 어설펐을 것이고, 외로웠을 겁니다. 그러니까 그런 나무만 눈에 띄었을 거예요. 아파본 사람이 아픈 사람 심정을 알아요. 고생해 본 사람이 고생한 사람의 마음을 알죠. 시인은 외로워 봤고 고독해 봤으니까 외롭고 고독한 나무들을 알아본 거예요. 이것을 '시인의 발견'이라고 합니다.

제가 이 시를 발견한 것도 외롭고 쓸쓸할 때였습니다. 가장 먼저 눈에 띈 단어는 '공주'였어요. 거기가 제 고향이거든요. 이 시를 읽고 나니까 외롭고 묵직하고 좀 쓸쓸해 보이는 나무들에 눈이 자꾸 가더군요. 그러면서 그 나무들이 더 다정하게 보이고, 나같아 보였습니다. 시를 읽고 나를 조금 더 이해하고 위로하는 시간을 갖게 되었습니다.

참 이상하죠? 내가 외롭다는 걸 네(시인)가 발견했는데 위로가 된다니요. 외로움에 침몰해 있을 땐 내 감정을 잘 모르기도 합니다. 그럴 때 이런 시를 읽으면 내 마음 조각을 찾은 것 같습니다. 이처럼 시를 읽는다는 건 '나를 두드려서 내 안에 있는 나를 깨워주는 것'입니다.

▎엄마, 고마워

제가 좋아하는 시를 한 편 더 소개할게요. 처음 읽었을 때 '어떻게 이런 생각을!' 감탄하며 정말 깜짝 놀랐습니다. 함민복 시인의 「성선설」이라는 시입니다.

손가락이 열 개인 것은
어머니 뱃속에서 몇 달 은혜 입나 기억하려는
태아의 노력 때문인지도 모릅니다

_함민복, 「성선설」 전문

아기가 뱃속에서 "엄마, 고마워, 한 달. 엄마, 고마워, 두 달" 이렇게 열 달을 헤아리기 위해서 손가락이 열 개가 되었다는 시적 해석입니다. 이 시를 읽고부터는 제 손을 볼 때마다, 세면대에서 손 씻고 나올 때마다, 어머니가 생각납니다. 제가 그렇게 착한 사람은 아닌데 손가락을 볼 때마다 감사해야 할 것 같고, 더불어 착해지는 것 같아요.

비합리적인 생각일지도 모르지만 이것이 바로 시적 진실이라고 말할 수 있습니다. 저는 이 시가 '인간은 본디 착하게 태어난 존재다'라는 믿음을 심어주는 데 큰 역할을 했다고 생각합니다. 사실 저는 성선설을 믿고 싶었는지도 몰라요. 그런데 함민복 시인이 그 믿음을 대신 써준 거죠. 게다가 확실한 증거, 열 손가락을 내세우면서 말입니다.

시를 읽으면서 우리는 자신이 갖고 있었는데 몰랐던 뭔가를 하나씩 알아가게 됩니다. 내 마음을 수집한다고 할까요, 밝힌다고 할까요. 저는 시가 어두운 밤하늘에 뜬 작은 별들 같습니다. 그 별들이 있다고 해서 엄청나게 환해지지는 않지만, 별들이 영영 없다면 내 마음이 또 얼마나 외롭겠어요.

068

▍괜찮아, 이제 괜찮아

사는 동안 '고마워, 좋아, 괜찮아'일 때도 있지만 '힘들었어, 아팠어, 마음이 너무 괴로웠어' 싶을 때도 있죠. '당신 눈엔 내가 괜찮아 보일지 모르겠지만 사실 나는 괜찮지 않아', '나 힘들다'는 말을 어디서 속 시원히 하고 싶은 순간이 있잖아요. 그런데 이런 말은 꺼내기 어려워요. 마음속 이야기를 풀어낼 대나무 숲이 필요할 때입니다.

　가끔 저를 찾아와서 힘들다고 말하는 학생들이 있습니다. 엄마에게 말하면 엄마가 걱정할까봐 걱정이라는 거죠. 엄마가 전화를 하면 "응, 괜찮아, 잘 지내" 이렇게 거짓말을 하고는 전화를 끊어요. 그 다음에는 울지요. 아시죠? 여러분도 그런 때가 있었을 겁니다. 저한테도 있었고요. 우리에게는 정말 많은 말이 있지만, 모든 말이 다 가능한 것은 아니거든요.

　제가 정말 힘들었던 때는 첫 아이를 낳았을 때입니다. 아기가 우는데 어떻게 해야 할지 모르겠더라고요. 경험도 없고 옆에 도와줄 사람도 없었죠. 엄마로서 책임감은 생겨났는데, 아기는 너무 연약한 존재여서 무서웠습니다. 낳아보니 아기는 말랑말랑하고 흐물흐물하더라고요. 목 하나 잘못 받치면 아기가 죽을 것 같고요. 조심스럽기가 마치 삶지 않은 달걀 대하듯 했죠. 그런데 아기가 밤에 그렇게 많이 울었어요. 안아줘도 울고, 노래를 불러줘도 울고, 딸랑이를 흔들어도 울어요. 밥을 줘도 울고, 기저귀를 갈아 줘도 울어요. 초보 엄마인 저는 어떻게 할지 도통 모르겠고, 속이 상해서 힘들었어요.

이런 저를 위로해 준 시가 있습니다. 시도 잘 쓰는 한강 소설가의 시 「괜찮아」입니다. 제목만 보고도 왈칵 위로가 됩니다. 이번에는 제가 시를 직접 낭독해 드리겠습니다. 아래 큐알코드로 영상에 접속해 보세요.

EBS '나의 두 번째 교과서',
한강 「괜찮아」

시를 살펴보면 아이가 아무 이유도 없이 꼬박 몇 시간을 막 울어요. 엄마는 거품 같은 아이가 꺼져버릴까 봐 두 팔로 껴안고 집안을 수없이 돌아다닙니다. 엄마도 같이 울어요. 그러던 중 "왜 그래" 했다가 "괜찮아"라고 말합니다. 이 소리가 누구한테 하는 소리일까요? 자신에게 하는 소리였겠죠. 아기도 위로하고 자기도 위로하듯 "괜찮아"라는 말을 계속했더니 기적처럼 아이가 울음을 그쳤습니다. 이 순간, 얼마나 숨을 깊게 내쉬었을까요. 구원의 순간이 드디어 찾아옵니다.

이 시를 읽으면서 저는 과거에 아이를 못 봐서 쩔쩔매던 저를 용서했습니다. 한강 소설가처럼 대단한 분도 왜 그래, 왜 그래 울다가, '괜찮아'의 깨달음을 얻었다는 걸 알게 되니 마음이 가벼워졌어요. 이건 세상 모든 엄마가 겪는 일이라고 생각하게 되었거든요. 그래서 '그때 정말 힘들었구나, 서른 살 민애야. 그때 정말 애썼구나'라며 저를 다독였습니다.

이렇게 본인하고 비슷한 아픔을 찾아서 확인하면 애써 외면하던 아픔에 직면하는 경험을 하게 됩니다. 그냥 묻어두는 게 아니라 그때 충분히 애썼다는 것을 알게 되죠. 육아 초보 엄마인 제 자신을 똥멍청이라고 생각했는데, 이 시를 읽고 마음을 바꿨습니다.

한강 소설가는 『소년이 온다』 같은 좋은 소설도 여러 편 쓰셨는데 시집과 함께 읽어보시면 좋을 거예요. 시와는 또 다른 결을 느낄 수 있습니다.

09

일상이
시가 되는 순간

▌일상의 평범한, 하지만 특별한 순간

특별한 사람의 특별한 순간에만 시가 탄생하는 것은 아니에요. 사실 시는 우리 일상과 무척 닮아 있습니다. 윤제림 시인의 「장편」이라는 시를 소개할게요. 장편掌篇은 '손바닥만 한 시' 다시 말해 손바닥만큼 짧다는 뜻입니다. 일상의 순간을 포착한 시다운 제목이죠.

전화기를 귀에 바짝 붙이고 내 곁을 지나던 여자가

우뚝 멈춰 섰다.

"……17호실?

으응,

알았어

응

그래

울지

않을게."

말이 끝나기 무섭게 운다 짐승처럼 운다

17호실에……가면

울지 않으려고

백주대로에서 통곡을 한다

이 광경을

김종삼 시인이 물끄러미 바라보고 있었다

길을 건너려다 말고

_윤제림, 「장편」 전문,
『편지에는 그냥 잘 지낸다고 쓴다』 수록, 문학동네, 2019

우연히 누군가의 대화를 듣게 된 경험이 우리에게도 있죠. 시인에게도 그런 순간이 있었나 봅니다. 길을 건너다 말고 누군가를 보게 되는데, 그녀는 17호실에 가서 울지 않으려고 대낮의 길바닥에서 통곡합니다. 일상에서 마주칠 수 있는 장면이죠. 짧은 시지만 많은 이야기가 들어 있습니다. 저도 남들이 보든 말든 엉엉 울면서 바닥에 주저앉았던 적이 있어요. 이 시를 읽고 마음이 울컥하는 건 우리도 겪을 수 있는 상황이어서일 겁니다.

▌ 사랑과 이별 앞에서

일상의 순간도 시가 되지만 살다가 목에 가시처럼 걸렸던 것을 토해냈더니 시가 되기도 합니다. 시는 산꼭대기, 구름 위에서 본 풍경을 읊는 게 아닙니다. 시는 오히려 가장 낮은 자리, 우리 바로 옆에 있어요. 울고 싶은데 울지 못하는 마음처럼 말입니다.

그러나 울지 않는 마음

버스가 오면
버스를 타고

버스에 앉아 울지 않는 마음

창밖을 내다보는 마음

흐려진 간판들을 접어 꾹꾹 눌러 담는 마음

마음은 남은 서랍이 없겠다

없겠다

없는 마음

비가 오면

비가 오고

버스는 언제나

알 수 없는 곳에 나를 놓아두는 것

나는 다만 기다리는 것

사람이 오면

사람이 가고

비 오는 날을

좋아한다고 더는 말하지 말아야지

암병원 흐릿한 건물 안에서 바깥을 내다보는 사람에게

손을 흔드는 마음

마음을 시로 쓰지는 말아야지

다짐하는 마음

_박소란, 「울고 싶은 마음」 전문, 『있다』 수록, 현대문학, 2021

시인은 지금 울고 싶은 마음입니다. 울고 싶은데 울지 않으려는 마음으로 시를 썼습니다. 아무렇지 않게 버스를 타고 울음을 참아요. 그래도 창밖을 내다보게 됩니다. 차창 밖으로 흐려진 간판들이 보입니다. 간판들이 왜 흐려졌을까요? 눈물이 차올랐거든요. 눈물이 차오르니까 간판이 뿌옇게 보입니다. 이렇게, 울음이 터지기 일보 직전입니다.

사랑하는 사람을 병원에 놓고 홀로 집으로 돌아온 적 있으신가요? 몸은 버스에 탔는데 마음은 타질 못합니다. 비가 오는 날에 마음이 너무 많이 아팠으면 그 이후로는 비 오는 날을 좋아할 수 없어요. 비가 오는 날마다 내 마음 아프게 한 그 사람이 생각날 거잖아요. 이 시의 모든 단어가 저는 단 하나의 단어, '사랑한다'로 들립니다. 그리고 읽을 때마다 울고 싶은 마음이 들어요. 이런 마음이 드는 건, 저 시의 어느 한 구석에 내가 서 있기 때문입니다.

10

은유의 맛

▎시가 어려우면서도 멋있는 이유

물론 일상 이야기를 무턱대고 쓴다고 시가 되지는 않습니다. 일종의 제작 기법이 필요하죠. 시는 짧지만 금방 써지는 것은 아니에요. 시에는 운율이 있다는 이야기를 들어보셨을 겁니다. 은유, 상징, 이런 말도 알고 계시죠? 절제, 이미지, 압축, 은유, 상징, 운율, 이런 것들을 다 고려해야 하니 2~3년을 배워도 시를 쓰는 게 어렵다고 해요. 그런데 어려운 만큼 멋있는 면도 많습니다. 시가 어려운 것도, 멋있는 것도 '은유'가 있어서인 것 같아요.

은유는 서로 관계가 없는 '이것'과 '저것'을 연결하는 겁니다.

예를 들어 '너의 볼은 장미로구나'라는 표현을 볼까요. 볼이 장미가 아니잖아요. 그런데 상상이 되죠. 붉게 물든 볼을 장미로 표현했다는 것을요. 이렇게 전혀 상관없는 것을 하나로 묶어주는 것이 은유입니다.

▌ 새로운 이미지를 낳게 하는 힘

시인들은 은유를 아주 중요하게 여깁니다. 남들이 하는 말을 똑같이 하지 않고, 새로운 것을 추구하고, 없었던 이미지를 상상하려고 노력하기 때문이죠. 은유가 없었던 관계성을 가능하게 합니다. 전혀 다른 A와 B를 은유의 끈으로 묶는 순간 새로운 장이 열리죠. 고영민 시인의 「출산」이라는 시를 소개하겠습니다.

화구(火口)가 열리고
어머니가 나왔다
분쇄사의 손을 거친 어머니는
작은 오동나무 함에 담겨 있었다
함은 뜨거웠다
어머니를 받아 안았다

갓 태어난 어머니가

목 없이 잔뜩 으깨진 채

내 품안에서

응애, 첫울음을 터뜨렸다

_고영민, 「출산」 전문, 『구구』 수록, 문학동네, 2015

　　어머니가 돌아가시고 화장을 한 날입니다. 관이 들어가고 한참 있다가 뼛가루가 된 어머니가 오동나무 함에 담겼죠. 시인이 표현하길, 어머니가 담긴 함을 받았더니 갓 태어난 어머니가 첫울음을 터뜨렸대요. 자궁처럼 생긴 화장터에 들어갔다가 다시 나에게 돌아오신 거죠.

　　시인은 이 시의 제목을 '출산'이라고 정했습니다. 이 시가 굉장히 가슴 아프지만 신선하고 충격적으로 다가오는 이유는 어머니의 죽음을 또 다른 탄생으로 보았기 때문이 아닐까요. '어머니는 돌아가셨지만 나는 어머니를 보내지 않았어, 어머니는 다른 존재로 존재할 뿐 여전히 여기 있어'라고 읽히기도 합니다. 이렇듯 은유에는 우리가 상상하지 못했던 새로운 장면을 만들어 내는 힘이 있습니다.

2강 시, 그리운 순간과의 조우 　　　　　　　　　 079

▎ 새로운 장면을 낳게 하는 시적 해석

많은 분들이 좋아하는 시인 중 정지용 시인이 있습니다. 제 박사 학위 논문이 정지용 시인에 대한 연구였어요. 우리 시의 역사에서 손꼽히는 분, 교과서에도 실린 정지용 시인의 「비」를 소개하겠습니다.

돌에
그늘이 차고,

따로 몰리는
소소리 바람.

앞섰거니 하여
꼬리 치날리어 세우고,

종종 다리 까칠한
산(山)새 걸음걸이.

여울 지어

수척한 흰 물살,

갈갈이
손가락 펴고,

멎은 듯
새삼 듣는 빗낱

붉은 잎 잎
소란히 밟고 간다.

_정지용, 「비」 전문

비가 후두둑 떨어지기 시작하는 시간을 묘사한 시입니다. 돌에 그늘이 생기죠. 먹구름이 몰려왔거든요. 바람이 불기 시작해요. 빗방울이 바람을 타고 내려올 겁니다. 시인은 말하기를, 여울지어 수척한 흰 물살이 손가락을 편대요. 마른 땅에 빗물이 흐르는 것을 이렇게 표현합니다. '물길은 손가락'이라는 은유가 깔려 있습니다. 땅 위에 생겨난 가냘픈 손을 보는 듯합니다.

이렇게 은유는 새로운 이미지를 낳게 하는 힘을 갖고 있습니다. 그래서 익숙한 장면을 낯설게 보는 해석을 가능하게 하죠. 은유가 재미있는 점은 '누군가는 세상을 이렇게 포착하는구나, 이렇게 바라보는구나'를 알 수 있어서예요. 일종의 콜라보레이션이라고 할까요. 멀리 있던 이곳과 저곳을 묶어서 새로운 세계를 경험하게 하는 것, 이것이 은유가 주는 특별한 선물입니다.

11

시 플레이리스트
만들기

▌일상에서 시를 즐기는 방법

시가 좋다는 건 알겠는데, 시를 일상에서 더 가까이 접할 수 있는 방법은 없을까요? 있습니다. '시 플레이리스트'를 만드는 거죠. 저는 저만의 음악 플레이리스트 만드는 것을 참 좋아합니다. 운전할 때 듣는 음악, 마음이 위축되고 쪼그라들 때 듣는 음악, 운동할 때 듣는 음악이 따로 있어요.

그런데 음악에만 플레이리스트가 있으란 법 있나요? 시로도 플레이리스트를 만들 수 있습니다. 지금부터 그 방법을 알려드릴게요. 우울할 때 읽는 시 플레이리스트, 힘들 때 읽는 시 플레이리스트, 비 오는 날 카페에서 읽는 시 플레이리스트, 세상을 따뜻하게 느끼면서 힐링하고 싶을 때 읽는 시 플레이리스트 등등 이런 이름의 폴더나 메모장, 갤러리를 만들어 두고 거기에 적합한 시를 하나씩 채워 넣으세요. 쌓이면 나의 일상이 풍성해집니다.

시 플레이리스트를 만들 땐 자신을 중심으로 생각하며 뽑으세요. 내 취향껏 꾸미는 거죠. 남이 보면 좋은 것을 뽑는 게 아니라 내가 좋은 것을 선택하는 겁니다.

▌거절을 위한 시 플레이리스트

내가 세상에서 제일 못난 사람인 것 같을 때가 있어요. 남들은 괜찮다며, 지금 잘하고 있다고 하는데 그 말들은 뻔한 이야기이고, 나는 이미 망한 느낌이죠. 다른 사람에게 상처 받았을 때, 내가 감정의 쓰레기통이 된 것 같은 날도 힘이 빠져요.

한때 저에게 매일 밤 전화해서 긴 시간 하소연하던 사람이 있었습니다. 그 사람의 전화를 피하고 싶었지만 저는 매일 받아줬어요. 그때는 제가 힘이 센 줄 알았고, 누군가를 도와줄 수 있다고 착각했죠. 상대방은 자신의 속상한 마음을 다 털어놓고 홀가분해졌는데 저는 조금씩 엉망이 되어갔습니다. 속상했죠. 속상해하지 않으려고 하는데 잘 안 되어서 더 속상했습니다. 하지만 전화를 받지 않겠다고 결심하기까지 쉽지 않았습니다. 그래서 거절을 위한 시 플레이리스트가 생겨났습니다. 그중에서 제가 가장 사랑하는 시를 소개해 드릴게요. 여러분의 플레이리스트에도 넣어보세요.

당신이 얼마나 외로운지, 얼마나 괴로운지

미쳐버리고 싶은지 미쳐지지 않는지

나한테 토로하지 말라

심장의 벌레에 대해 옷장의 나방에 대해

천장의 거미줄에 대해 터지는 복장에 대해

나한테 침도 피도 튀기지 말라

인생의 어깃장에 대해 저미는 애간장에 대해

빠개질 것 같은 머리에 대해 치사함에 대해

웃겼고, 웃기고, 웃길 몰골에 대해

차라리 강에 가서 말하라

당신이 직접

강에 가서 말하란 말이다

강가에서는 우리

눈도 마주치지 말자.

_황인숙, 「강」 전문, 「자명한 산책」 수록, 문학과지성사, 2003

눈도 마주치지 말자는 소리를 면전에서 했으면 참 좋았을 텐데 저는 결국 못했습니다. 못했으니까 이 시를 읽으면서 마음을 푸는 거예요. 이런 소극적인 저항, 여러분도 가능합니다. 저처럼 소심한 사람들도 엄청난 시 플레이리스트를 소유할 수 있습니다. 이런 소극적인 저항마저 없다면 우리 인생이 얼마나 빡빡하겠느냐 말입니다.

▌ 몸이 아플 때 시 플레이리스트

다음은 아플 때 읽는 시 플레이리스트입니다. 우리나라에서 제일 큰 종합병원의 1층 엘리베이터 맞은편에는 조지훈 시인의 「병에게」라는 시가 걸려 있습니다. 한때 그 병원에서 먹고 자면서 그 시를 읽으러 다니곤 했습니다. 마치 오래된 친구인 듯 '병이라는 그대는 내가 잊을 만하면 나를 찾아오는구려'라고 말하는 작품인데 조지훈 시인은 이것저것 병이 많으셨다고 해요. 그러고 보니 시인의 말이 맞네요. 병은 잊을 만하면 나타나 나를 겸허하게 만들어 주죠.

일을 열심히 하다 보면 현대인은 아플 수밖에 없습니다. 아프면 사람이 서러워지잖아요. 물론 너무너무 아프면 시를 읽을 힘도 없습니다. 제가 소개할 이 시는 진통제 먹고 숨이 좀 쉬어질 때 읽어보세요.

고요히 한강을 건너는

전철의 맑은 불빛을 오래도록 바라본다

아직 샛별은 스러지지 않았다

전철을 타러 부지런히 강둑 위를 걷는 사람들의

어깨 위로 별빛이 잠시 앉았다 간다

전철을 탈 수 있다는 것만으로도 행복이라고

샛별에게 눈인사를 하고 자리에 눕는데

간호사가 또 내 피를 뽑으러 온다

내 피야 미안하다

나를 사랑했던 내 피야 잘 가라

나를 용서하고

저 새벽별의 피가 되어 쉬어라

_정채봉, 「샛별」 전문, 『너를 생각하는 것이 나의 일생이었지』 수록, 샘터, 2020

아픈 사람은 남들 잘 때 못 자는 법이거든요. 잠 못 이루고 있던 새벽, 이제 곧 해가 뜰 무렵에 시인은 밖을 바라봅니다. 이른 아침에 샛별같이 출근하는 사람들과 전철을 바라보며 나도 저 사람들 사이에 끼어서 일하러 가는, 안 아픈 사람이 되기를 바랍니다. 그러다 별에게 눈인사를 하고 자리에 눕는데 간호사가 내 피를 뽑으러 온대요.

저는 이 구절부터 너무 가슴이 아파요. 시인은 아프고 힘들어서 짜증을 내는 게 아니라 피한테 사과를 합니다. '아픈 몸에 네가 있게 해서 미안해. 너를 자꾸 뽑게 해서 미안해. 너는 이제 나한테 있지 말고 밤하늘 별한테 가' 이렇게 이야기하죠. 정채봉 시인은 정말 착한 분이었다는 생각이 듭니다. 만나본 적은 없지만 이분의 작품을 보면 그렇게 맑고 깨끗할 수가 없어요.

▌ 혼밥할 때 시 플레이리스트

아픈 적이 없어서 공감을 못하겠다 하시는 분도 혼밥은 하실 거예요. 저는 사실 프로 혼밥러입니다. 처음엔 안 좋아했는데, 먹다 보니 편리해서 이젠 즐겨하게 되었어요. 하지만 가끔 혼자 먹는 게 맛도 없고 입안도 좀 서걱서걱할 때가 있죠. 특히 슬프거나 외로울 때, 아플 때가 그래요. 그럴 때 읽으면 좋은 시입니다.

낯선 사람들끼리

벽을 보고 앉아 밥을 먹는 집

부담없이

혼자서 끼니를 때우는

목로 밥집이 있다.

혼자 먹는 밥이

서럽고 외로운 사람들이

막막한 벽과

겸상하러 찾아드는 곳

밥을 기다리며

누군가 곡진하게 써내려갔을

메모 하나를 읽는다.

"나와 함께

나란히 앉아 밥을 먹었다."

그렇구나. 혼자 먹는 밥은

쓸쓸하고 허기진 내 영혼과

함께 먹는 혼밥이었구나.

(하략)

_이덕규, 「혼밥」 중에서, 『오직 사람 아닌 것』, 문학동네, 2023

시를 읽으니 어떤 식당인지 보이는 거 같습니다. 사실 요즘은 벽을 보면서 밥을 먹지 않잖아요. 보통 핸드폰을 보면서 밥을 먹는데, 이 시에서 벽을 보며 밥을 드시는 분들은 연령대가 좀 있는 분들 같네요. 밥을 기다리면서 시인은 어떤 메모를 보게 됩니다. 그리고 깨달은 거죠. '혼자 먹은 게 아니라, 핸드폰과 먹은 게 아니라, 나는 나와 함께 먹었네.' 이렇게요. 저도 가끔 혼밥할 때 '나 혼자 먹네'라는 생각이 들 때가 있는데 이 시를 읽고 생각이 달라졌어요. 혼자가 아니라, 나와 함께 먹는 밥이라고요.

혼밥을 주제로 한 시는 적지 않습니다. 우리 일상의 대세가 되었다는 반증이겠죠. 한 편 더 소개하겠습니다.

혼자 먹는 밥은 쓸쓸하다

숟가락 하나

놋젓가락 둘

그 불빛 속

딸그락거리는 소리

그릇 씻어 엎다 보니

무덤과 밥그릇이 닮아 있다

우리 생(生)에서 몇 번이나 이 빈 그릇

엎었다

되집을 수 있을까

창문으로 얼비쳐 드는 저 그믐달

방금 깨진 접시 하나

_송수권, 「혼자 먹는 밥」 전문

시를 보면 밥그릇과 무덤이 닮았다는 말이 나옵니다. 그전까지는 생각도 못했는데 시를 읽고 보니 엎어놓은 밥그릇이 정말로 무덤하고 좀 비슷해 보입니다. 시인이 이 시를 쓸 당시에 노년과 죽음에 대한 생각을 하고 있었다는 뜻이죠. 그러면서 쓸쓸하게 혼밥을 드신 시인의 모습이 그려졌어요. 사실 죽음이란 모든 사람이 고민해야 할 주제, 거쳐가야 할 문제입니다. '나 역시 저 쓸쓸한 마음을 십분 이해하게 될까'라는 생각을 하며 이 시를 읽었던 기억이 납니다.

이렇게 같은 주제의 시여도 서로 느낌이 다를 수 있습니다. 시 플레이리스트는 여러분 각자의 취향에 맞게 꾸미는 거예요. 제가 몇 개를 소개해 드렸지만 남이 아닌 내가 좋은 시로 구성해야 오래가는 시 플레이리스트를 만들 수 있습니다. 여러분을 중심으로, 여러분이 좋아하는 시들을 모아보시는 것이 좋습니다.

▌엄마가 생각날 때 시 플레이리스트

지하철 승강장 스크린도어에 쓰여 있는 시들을 읽어보신 적 있나요? 저는 지하철을 기다리는 동안 하나씩 읽어봅니다. 우연히 랜덤 박스를 뽑듯, '내가 서 있는 자리에 있는 시가 오늘 내가 생각할 주제다' 이런 생각을 하면서요. 주로 시민들이 쓴 시들인데, 가슴에 남는 시들이 참 많습니다. 저는 지하철 승강장 시를 심사한 적이 있는데요, 가장 많은 주제가 엄마였어요. 힘들 땐 역시 엄마가 최고로 그립지요. 2023년 지하철 시 공모전 선정작 두 편을 소개합니다.

아이들을

씻기고

먹이고

재웠다

우리 엄마 보고 싶다.

_우하영, 「엄마」 전문

새벽 세 시

이상한 꿈을 꾸고 잠이 깨었다

엄마가 곁에 계시지 않는 꿈

어릴 때 이런 꿈을 꾸면

베개를 들고 엄마 곁으로 갔다

엄마!

딸이 곁으로 파고든다.

그래, 지금은 내가 엄마지?

딸을 꼭 껴안아 주었다

엄마처럼.

_서미정, 「엄마처럼」 전문

읽다 보면 마음이 찡해집니다. 저는 엄마지만 저 역시 엄마가 필요하고 세상에서 엄마가 제일 좋아요. 아이들이 엄마 냄새를 맡으러 저를 찾아올 때 저는 제 엄마 냄새를 떠올립니다. 그래서 엄마를 생각하며 두고두고 읽을 시들이 필요합니다. 엄마가 그리울 때, 엄마를 만나지 못할 때, 엄마가 되어 기쁠 때, 엄마가 되기 힘들 때, 저는 이런 시들로 구성된 플레이리스트를 만들고 언제든 열어서 읽을 것입니다. 앞으로도 두고두고 열어보게 되겠죠.

▌시가 무엇이냐고 물으신다면

제가 소개한 시 플레이리스트, 어떠셨나요? 저는 여러분만의 특별한 플레이리스트가 나오길 기대합니다. 마지막으로 제가 가장 좋아하는 시를 소개하면서 두 번째 시간을 마치려고 합니다. 사람들이 저에게 "시가 뭐예요?"라고 물을 때, "이게 시예요"라고 대답

094

하며 보여드릴 수 있는 시입니다.

누군가 나에게 물었다. 시가 뭐냐고

나는 시인이 못 됨으로 잘 모른다고 대답하였다.

무교동과 종로와 명동과 남산과

서울역 앞을 걸었다.

저녁녘 남대문 시장 안에서

빈대떡을 먹을 때 생각나고 있었다.

그런 사람들이

엄청난 고생되어도

순하고 명랑하고 맘 좋고 인정이

있으므로 슬기롭게 사는 사람들이

그런 사람들이

이 세상에서 알파이고

고귀한 인류이고

영원한 광명이고

다름 아닌 시인이라고.

_김종삼, 「누군가 나에게 물었다」 전문

시란 무엇일까요? 시인이란 어떤 사람일까요? 고생스러운 삶을 살아도 순하고, 명랑하고, 맘 좋고, 인정이 있는 사람들. 슬기롭게 사는 사람들이 시인이고, 그들이 하는 말이 시입니다. 이 시는 "당신 안에 시인이 있어요"라고 말해주고 있죠. 저는 이 말을 믿습니다. 제가 아는 김종삼 시인도 이런 시인이었거든요.

지금까지 멋진 시인들의 멋진 시를 소개해 드렸습니다. 빙산의 일각일 뿐이지만, 여러분이 시의 기쁨을 조금이라도 느끼셨기를 바랍니다. 시는 저 멀리 있는 게 아니라 내 근처에 있습니다. 어느 날 시가 여러분에게 다가오면 그냥 지나치지 말고 꼭 만나보시길 바랍니다. 작고 반짝반짝 빛나는 무언가를 발견할 테니까요.

3강

소설,
천 개의
인생 답안

3강을 시작하며

여러분이 글을 쓰고 있는데 누가 옆에서 "소설 쓰고 앉아 있네!"라고 말하면 어떨까요? "거짓말 지어내고 있네"라는 비난으로 들리겠죠. 그런데 또 다른 사람이 "어머! 소설의 한 장면 같아!"라고 하면 어떨까요? "멋있다! 재밌다!" 이런 뜻으로 들릴 거예요. 두 경우 다 소설이라고 표현했는데 하나는 거짓말이라는 말이고, 다른 하나는 멋진 이야기라는 말입니다. 거짓말이기도 하고, 재미있기도 한 것. 이게 바로 소설입니다.

우리는 소설을 왜 읽을까요? 저는 크게 두 가지 이유가 있다고 생각합니다. 첫 번째는 인간과 세상을 알고 싶어서고, 두 번째는 재미있어서죠. 시를 읽는 이유와는 다른 것 같죠? 미국의 조이스 오츠Joyce Carol Oates 작가는 시와 소설을 이렇게 표현했어요.

"시인은 거울을 들여다보고, 소설가는 창밖을 내다본다."

여기서 말하는 거울은 화장대 거울이 아니라 자기 내면의 거울이에요. 윤동주 시인의 시 「자화상」에 우물이 등장하는 건 우연이 아닙니다. 여기서 우물은 내면을 비추는 거울이니까요. 그런데 소설가는 자기 내면보다 창밖을 내다봅니다. 어떤 소설가는 작품을 준비할 때 카페에서 창밖을 바라보며 관찰한다고 해요. '저 사람은 직업이 뭐일 것 같아', '저 사람은 성격이 이럴 것 같아', '저 사람은 이런 일을 하고 있을 것 같아' 등을 밖을 지나는 사람을 보며 상상하면 인물의 성격을 만드는 데 도움이 된대요.

사회와 그 속에서 살아가는 사람들을 관찰하는 사람이 소설가입니다. 시가 외부 세계를 내 안으로 끌어당겨 나에게 초점을 맞추는 것이라면, 소설은 내 안에 있는 것을 외부 세계로 펼쳐놓는 것이라고나 할까요. 객관적인 것을 주관화하는 것이 시라면, 주관적인 것을 객관화하는 것이 소설인 것이죠.

그렇다면 시와 소설 중에서 어느 것이 반응 속도가 더 빠를까요? 지나가던 사람이 나를 '퍽' 하고 쳤어요. 아픕니다. 이 아픔에 대해 바로 몇 줄의 시를 쓸 수 있어요. 분량도 짧고 그때의 감정과 감각에 솔직할 수 있죠. 순간의 미학입니다. 반면, 소설은 바로 나오지 않아요. 여러 가지 생각을 해야 합니다. '도대체 저 사람은 누구지?', '왜 나를 치고 갔을까?', '앞으로 또 이런 일이 생기면 어떻게 해야 할까?' 등 생각할 게 많습니다.

문학의 역사를 살펴보면 우리는 근대화라는 엄청난 변화를 겪고 지금 현대에 이르렀습니다. 1900~1910년대에는 사람들이 시에 더 익숙했어요. 가사, 신시, 창가 등이 시대에 즉각적으로 빨리 반응했죠. 지금 시와 소설의 우열을 가리자는 말이 아닙니다. 시는 시대에 대해 즉각적으로 반응을 하는 반면, 소설은 조금 천천히 반응을 한다는 거예요. 소설에는 현 사회에 대한 파악과 미래에 대한 비전이 있어야 하니까요. 물론 미래에 대한 비전이 항상 긍정적이고 창조적이지만은 않습니다. 그럼에도 현 사회에 대한 파악과 미래에 대한 비전이 있어야만 소설이 창작될 수 있습니다. 그래서 소설 창작 과정에는 지금의 사태와 현상, 그리고 미래를 체계화하는 수순이 필요합니다.

그러니까 소설을 읽을 때는 '이건 작가의 개인적인 생각이야, 작가의 주관적인 감정이야'라고만 여기지 마시고 '아! 소설가가 열심히 고민했구나! 이 사회는 어떤 사회인지, 이 사회에서 인간은 어떻게 살아가야 하는

지를 고민한 결과물이 소설이구나'라고 생각해 주세요. 소설이 '시대 의식', '현재 사회와 인간에 대한 관찰', 그리고 '우리의 현재와 미래에 대한 생각'이 담긴 이야기라는 것을 기억하면, 소설을 읽을 때 훨씬 도움이 될 겁니다.

12

우리는 왜
소설을 읽을까?

▌구석기 시대의 인간에게서 현대의 우리를 보다

우리가 소설을 읽는 이유를 인간과 사회를 알 수 있고, 또 재미있어서라고 앞서 말씀드렸습니다. 예를 들어볼게요. 박민규 소설가의 「슬」(『기억하는 소설』 수록, 창비, 2021)이라는 작품이 있습니다. 여기서 '슬膝'은 무릎을 뜻합니다. 저는 이 소설을 2010년에 한 문학잡지에서 읽었는데 지금까지도 생생히 기억이 나요.

　소설의 배경은 기원전 1만 7천 년경 구석기 시대입니다. '우'라는 이름을 가진 주인공이 나와요. 눈이 많이 내리자 동족들은 먹을 걸 찾아서 떠났는데, 그와 아내인 '누', 그리고 새끼(소설에서 아기를 이렇게 부릅니다)만 떠나지 못했습니다. 아내가 만삭의 몸이라 동족들을 따라갈 수 없었거든요. 지금 가족은 계속 굶고 있습니다. 고기가 필요해요. 우는 창을 만들어서 홀로 코끼리 사냥을 떠납니다. 먹이를 찾아 떠나는 우의 여정이 아주 짠했습니다. 중간에 이런 구절이 나와요.

"하늘에 있는 누군가가 보았을 때 둘은 그저 아주 잠시 살아있는 것들이었다."

하늘에서 보기엔 우와 코끼리가 그렇겠죠. 하지만 우의 투쟁은 눈물겹습니다. 코끼리를 계속 쫓아가요. 코끼리를 잡아야 가족이 사니까요. 하지만 결국 실패하고 맙니다. 그런데 놀랍게도 우는 고기를 들고 동굴로 돌아옵니다. 우는 코끼리를 쫓다가 다리를 다쳤는데 그 다친 다리를 잘라서 들고 온 거죠. 코끼리를 죽이려고 가져갔던 창을 지팡이처럼 다리에 끼운 채 쩔뚝쩔뚝 아내와 새끼에게로 돌아옵니다.

'잔인한 이야기라서 기억에 남았나'라는 생각도 했습니다. 하지만 잔인한 묘사는 많지 않았습니다. 오히려 '그때가 지금과 다르지 않다'는 공감대가 이 소설이 제게 각인된 이유 같습니다. 구석기 시대 인간에서 현대사회의 직장인과 가장의 이야기를 읽은 것만 같았거든요. 우리 아버지들, 우리 어머니들, 세상의 가장들, 직장인들은 고기 한 덩이를 구해 집으로 돌아가려고 치욕도 모욕도 괴로움도 피로도 견디면서 살잖아요. 동굴 안에 있는 제 가족을 위해서요. 우가 구석기 시대 인간이 아니라 마천루 빌딩 사이를 걸어 다니는, 하늘이 보기에는 그냥 아주 잠시 살아 있는 개미 같은 우리 군상들로 보이는 거예요. 소설 속 우의 투쟁은 너무나 눈물겨웠습니다. 저는 구석기 시대의 인간을 그린 이 소설을 통해 현재의 우리를 이해할 수 있었습니다. '이래서 소설을 읽나 보다'라는 생각이 들었죠.

▌ 세상의 진짜 중요한 주인공은 누구인가

「슬」이 너무 심각한 이야기로 들린다면, 다른 소설을 소개해 드릴게요. 저는 누군가 재미있고 위트 넘치는 소설을 추천해 달라고 하면 성석제 작가의 단편 소설 「황만근은 이렇게 말했다」를 꼽습니다.

소설은 사회의 시대정신을 반영합니다. 우리나라는 일제 치하와 해방, 전쟁을 겪었고 1960~1970년대 극심한 산업화의 시기를 거쳤습니다. 1980년대 민주화 시대를 지나 1990년대에 와서야 금전적으로 심리적으로 조금 여유가 생겼어요. 역사의 거센 파도가 몰아칠 때는 개인의 작은 욕망을 말할 여유가 없습니다. 대부분 엄숙한 이야기, 시대적인 이야기, 사회적 이야기 등등 거대 서사를 다루는 소설이 주로 나오죠. 사회적 무게에 짓눌렸던 개인의 내면 이야기가 소설로 등장한 것이 바로 1990년대입니다. 예를 들면 이런 거죠. '아버지 때문에 괴로웠는데, 아버지가 하는 일이 너무 중요하니까 참았어, 하지만 나는 상처를 받았어.' 이런 내면의 고백이 시작되었습니다.

내적 고백을 하는 소설들 다음에 등장한 작가가 성석제입니다. 이야기 자체의 즐거움, 이야기 자체의 재미를 통해 인간의 본질에 주목한 작가였죠.

성석제 작가의 소설을 읽으면 떠오르는 장면이 있습니다. 옛날에 농촌 마을에서 일이 제일 없을 때가 겨울, 즉 농한기예요. 하지만 농부들은 쉬지 않죠. 이때는 여럿이 모여서 새끼줄을 꼬는데 이 중에 꼭 이야기꾼이 있습니다. 예를 들어 동네 김씨 아재가 입담이 좋으면, 사람들이 "김씨, 재밌는 얘기 좀 해봐"라고 하죠. 그럼 아재가 이야기를 시작하고 다른 사람들은 시간 가는 줄 모르고 듣습니다. 조선시대 재담꾼의 이야기를 듣는 것처럼요.

어느 나라에든 이야기꾼이 있습니다. 격식 있고 우아하고 엄중한 이야기가 아니라 아저씨가 새끼줄을 꼬면서 "그때 그랬대" 하는 식이죠. 이런 전통이 담겨 있는 소설이 바로 경상북도 상주를 배경으로 한 「황만근은 이렇게 말했다」(창비, 2020)입니다. 그런데 마냥 가볍고 재미있기만 한 건 아니에요. 울림도 있습니다.

소설 속 황만근이라는 인물은 조금 모자란 사람입니다. 동네 사람들에게 무시받고 구박받는 사람이었죠. 그러다 보니 일을 해도 품값을 제대로 못 받았어요. 그런데 어느 날, 탈탈탈 경운기를 타고 시위를 하러 갔던 황만근이 돌아오지 않습니다. "만근이가 뭔 일이 있는겨? 왜 안 돌아 오는겨?" 사람들이 찾기 시작해요. 막상 있을 땐 존재감이 전혀 없었는데, 없어지고 나니까 사람들은 "만근이가 이런 일도 했는가?", "만근이가 그걸 다 했는가?" 이런 생각을 합니다. 똥 푸는 일부터 퇴비를 만들어서 나눠주는 일, 더럽고 비천하고 힘든 동네의 궂은일을 알게 모르게 그가 다 했던 거죠. 황만근이 없으니 엄마는 밥을 할 줄도 모릅니다. 아들도 마찬가지예요.

나중에 알고 보니 황만근은 시위하러 가자는 사람들의 말을 듣고 고장난 경운기를 타고 나갔습니다. 그런데 막상 시위 장소엔 사람들이 없었죠. 결국 어두운 밤에 혼자 내려오던 중 경운기가 전복됐습니다. 도와주는 사람 없이 고립된 그는 추위를 피하기 위해 술을 홀짝홀짝 마시다 얼어 죽게 됩니다. 사람들은 황만근이 죽은 후에야 이 사람의 존재 가치가 컸다는 걸 알게 되죠.

저는 이 소설을 읽으면서 1934년 발표된 이태준 소설가의 「달밤」을 떠올렸습니다. 달밤에도 조금 모자라 보이는 주인공이 등장해요. 남들에게 매일 구박받는 게 일인데, 사실은 가장 정이 많고 순박하고 인간성을 갖춘 사람이었죠. 「달밤」에는 이런 점을 풍자적으로, 세태를 씁쓸하게 바라보는 시선이 있습니다. 시대가 다른 두 소설을 함께 읽어보셔도 유익할 겁니다.

▌복잡한 구조를 가진 현대 소설

서사(이야기)의 가장 오래된 장르는 비극과 희극입니다. 조금 모자란 주인공이 등장해서 우스꽝스러운 사건을 벌이는 이야기가 '희극'이라면, '비극'은 고귀한 영웅의 흥망성쇠를 격조 높은 언어로 다룹니다. 희극은 웃긴 이야기, 비극은 슬픈 이야기라기보다 주인공이 어떤 사람이냐가 기준이에요. 이런 서사 장르가 현대에 와서 소설이 된 거죠.

그렇다면 황만근은 전통적인 희극의 주인공일까요? 그렇지만은 않습니다. 소설은 정말 재미있고 웃긴데, 다 읽고 나면 뭔가 마음에 남습니다. 결말이 예전과는 달리 심플하지 않다는 게 현대 소설의 특징이죠. 현대 소설은 고전 소설과 달리 권선징악, 사필귀정으로 끝나질 않아요.

『홍길동전』을 볼까요? 홍길동은 서자로 태어나 '아버지를 아버지라 부르지 못하고' 온갖 고난을 겪지만 결국 율도국의 왕이 됩니다. 『심청전』의 심청은 눈먼 아버지를 위해 바다에 제물로 바쳐지지만 살아서 돌아와 왕비가 되고 아버지도 눈을 뜨죠. 고전 소설의 엔딩은 '착한 사람은 상을 받고, 악한 사람은 벌을 받는 걸로 끝났으면 좋겠어'라는 소망과 이상을 담고 있습니다. 현실에선 불가능한 일이지만 소설로 대리 만족하는 거죠.

하지만 현대 소설은 그렇지 않습니다. 우리가 영화를 볼 때 주

106

인공은 죽으면 안 된다는 암묵적 약속이 있잖아요? 죽을 고비를 넘겨도 살아날 거라고 믿죠. 주인공이니까요. 그래서 어벤져스 시리즈에서 아이언맨이 죽었을 때 엄청나게 충격이 컸어요. 죽을 리가 없는데 죽었으니까요. 사실 이런 의외성은 현대 소설에서 흔하게 등장합니다. 주인공이 죽기도 하는 거죠. 헤르만 헤세_{Hermann Karl Hess}의 소설 『수레바퀴 아래서』의 결말에서 죽음을 맞이한 주인공 한스처럼요.

이렇게 현대 소설의 마지막은 새드엔딩이 되기도 하고 해피엔딩이 되기도 합니다. 열린 결말로 끝나기도 하고, 결말이 아닌 듯한데 끝나는 경우도 있어요. 그래서 이게 '끝이 맞아?'라는 생각이 들 때도 있습니다. 현대 소설은 왜 이렇게 다양한 이야기들이 나오는 걸까요? 이유가 알고 싶다면 시대 배경에 따른 소설의 변화를 알아야 합니다.

13

현대 소설은 고전 소설과
무엇이 다를까?

▌ 신이 떠난 시대

우리가 읽는 소설의 종류는 다양합니다. 도시 소설, 농촌 소설, 교양 소설, 성장 소설, 리얼리즘 소설, 낭만주의 소설, 모더니즘 소설 등 세부 분류가 많기도 합니다. 시간을 중심으로는 고전 소설과 현대 소설로 나누는데 이 두 소설은 결말에 있어 크게 달라요. 고전 소설의 특징은 해피엔딩입니다. '그래서 그들은 행복하게 살았습니다!'인 거죠. 반면, 현대 소설은 다양한 결말을 갖습니다. 여러 갈등을 겪다가 해피엔딩으로 봉합되기도 하지만 열린 결말로 끝나기도 해요. "어? 소설 끝났어?"라는 의문이 생기는 소설도 있습니다.

왜 그럴까요? 현대 소설은 왜 그렇게 다양한 결말이 나올까요? 이것을 이해하려면 고대, 중세, 근대의 맥을 짚어봐야 합니다. 학자마다 고대, 중세, 근대를 규정하는 게 조금씩 다르지만, 저는 이렇게 구분합니다.

고대는 인간하고 신하고 같이 사는 시대입니다. 판도라 이야기를 보세요. 신은 판도라라는 인간에게 상자를 맡깁니다. 마치 이웃집 찰스가 방문하는 것처럼 자연스러워요. 심지어 신과 인간이 연애도 합니다. 그리스 신화의 영웅 헤라클레스는 제우스 신과 인간 여성 사이에서 태어났습니다. '우리 옆집에 신이 살고 있다!' 이것이 고대입니다.

중세에서는 신이 이웃집을 떠납니다. 신은 인간을 떠났지만, 저 위, 높은 곳에서 인간을 내려다봅니다. 그래서 신의 명령대로 요람에서 무덤까지 살아가는 것이 중세입니다. 조선시대에 양반으로 태어났으면 죽을 때까지 양반으로 살아갑니다. 백정의 아들로 태어났으면 평생 백정의 아들로 살아야 해요. 왜? 조선시대에 신으로 여겨지는 성리학이 그렇게 정해놨거든요.

그런데 근대에 오면서 어마어마한 사건이 생깁니다. 서양에서는 근대가 시작되는 상징적 출발점을 1789년으로 삼습니다. 프랑스 대혁명이 일어난 해이죠. 프랑스 대혁명은 신의 대리자인 왕을 국민이 끌어낸 사건입니다. 왕을 끌어내는 것만으로도 부족해 단

두대에서 목까지 자르죠. 그럼 신의 대리자인 왕이 앉았던 왕좌에 누가 앉았을까요? 인간의 이성입니다.

"인간의 이성을 믿고 따라가자. 인류는 오늘보다 내일 더 나은 삶을 살게 될 거야. 우리는 진보할 거야."

스스로 생각할 수 있는 존재라는 인간 브랜드를 론칭한 시대가 바로 근대입니다. 자기 자신을 스스로 증명해야 하는 시대가 된 거죠. 중세 사람들은 자신을 '신의 자녀'라고 생각했어요. '양반이다'라는 생각도 같은 맥락이죠. 족보가 있었고, 정해진 답이 있었단 말이에요. 그런데 근대에는 그런 게 없어요. 그러니 끝없이 생각해야 하죠.

"나는 누구지?"

이 시대에서는 이 질문이 너무나 중요한 화두가 됩니다. 현대를 대표하는 문예 사상가 게오르그 루카치Lukács György는 저서『소설의 이론』(문예출판사, 2007)에 이런 말을 썼습니다.

"우리가 갈 수 있고 또 가야만 하는 길을 창공의 성좌가 지도의 몫을 해주는 시대는 복되도다."

창공의 성좌는 신을 의미합니다. 신은 우리가 누구인지 알려주는 존재죠. 동방박사 세 사람은 하늘의 별을 보고 아기 예수를 찾아왔습니다. 홍길동은 하늘의 별을 보고 아버지가 돌아가신다는 것을 알았어요. 그러나 근대가 되면 우리는 스스로 어디로 갈지를 결정해야 합니다. 인생 로드맵이 적힌 종이는 없어요. 자기 운명의 길을 알아서 가야 하는 거죠. 그래서 소설이 많이 쓰이기 시작합니다. 근대와 현대에 소설이 핵심 장르가 된 이유이죠.

▌고전 소설의 문법에서 벗어난 돈키호테

고전 소설은 이상적으로 규칙이 결정되어 있고 운명적으로 할 일이 정해져 있는데 이런 고전 소설과 대척점에 서 있는 것이 현대 소설입니다. 이 사이에, 이정표처럼 서 있는 소설이 있는데 바로 미겔 데 세르반테스Miguel de Cervantes의 『돈키호테』입니다. 1600년대에 등장한 현대 소설의 효시라고 불리는 작품이죠.

　『돈키호테』가 이전의 고전 소설과 무엇이 다른지 설명할게요. 돈키호테는 어느 기사의 이야기입니다. 중세의 기사는 태어나자마자 기사가 될 만한 귀족 계급이어야 해요. 그리고 아주 자연스럽게 왕에게 기사 서임을 받죠. 갑옷을 멋있게 입어야 하고, '종자'라고 부르는 시종도 있어야 합니다. 무엇보다 훌륭한 말이 있어야해요. 백마든 흑마든 윤기가 좌르르 흐르는 준마가 기사를 태우고 다녀야 합니다.

　기사의 운명은 용을 죽이는 겁니다. 용을 죽이러 가기 전에 공주나 귀족 집안의 딸, 일명 '레이디'가 기사의 손목에 무사 귀환을 바라는 끈을 묶어줍니다. 행운을 빌어주는 부적 같은 거죠. 기사는 모험을 떠나고 용을 죽이고 자신의 공주에게 돌아옵니다. 이게 바로 전형적인 기사담이죠.

그런데 돈키호테는 어딘가 어설프게 삐그덕 거려요. 우선, 그는 지주입니다. 높은 신분은 아니에요. 왕에게 기사 서임을 받지도 못했습니다. 대신 본인 스스로 기사가 되기로 결심하죠. 돈키호테는 왜 이런 생각을 했을까요? 소설을 어마어마하게 읽었거든요. 그는 기사담이라는 장르 소설의 엄청난 '덕후'였습니다. 너무 많이 읽다 보니까 소설 속 기사가 나인지, 내가 기사인지 헷갈리는 수준에 이르렀어요. 아무도 자신을 기사로 생각 안 하는데 "기사가 돼야지!"라며 말을 준비합니다. 그런데 준마는커녕 말라비틀어진 말뿐입니다. 시종이 없으니 농부 산초를 불러서 자신의 시중을 들게 하죠.

여기까진 어찌어찌 넘겼는데 '기사가 되기 위한 절대 조건' 두 가지가 부족합니다. 공주와 용이죠. 그래서 돈키호테는 공주를 창조합니다. 어떤 시골 여인을 보고 '지금은 마법에 걸려 평범한 아낙네가 되었지만, 원래 당신은 공주'라는 설정을 부여합니다. 마지막으로 용도 만듭니다. 길을 가다 만난 거대한 풍차를 '네 이놈, 용이로구나!' 생각하고 막 덤비는 거죠.

말도 안 되는 웃긴 이야기라고 생각할 수도 있지만, 전형적인 기사 이야기에서 벗어났다는 것이 중요합니다. 기사인 듯 기사 아닌 기사 같은 돈키호테가 운명을 만들고 모험하는 이야기예요. 중세의 기사담과는 설정 자체가 완전히 다르죠. 문학사적으로도 중요한 작품이지만 읽어보면 굉장히 재미있습니다. 꼭 한 번 읽어보세요.

▌근현대 소설 속 문제적 자아

게임을 할 때 튜토리얼이 있습니다. 일종의 가이드라인인데 캐릭터들이 나와서 "이 게임은 이렇게 하세요, 이 길로 가면 돼요"라고 알려줍니다. 그런데 "아니, 나는 싫은데"라는 친구들이 꼭 있어요. 이들은 이스터에그(게임 속 숨겨진 메시지나 기능)나 오류를 찾고 정해진 길이 아닌 다른 곳에서 보물을 찾기도 합니다.

창공의 성자가 이끄는 대로 살아가는 게 행복했던 사람들도 있었겠지만, 불행했던 사람들도 있었을 겁니다. 내가 귀족이나 양반보다 더 똑똑하고 재능이 있는데 계급에 따라 사는 일에 분노했을 수도 있죠. 하지만 대부분은 정해진 대로 살았기에 내가 누구인지 몰라서 혼란스러워하고, 불안해하는 일을 크게 겪지는 않았을 거예요. 그런데 지금 우리는 내가 누구인지, 내 인생을 제대로 살고 있는지 의문스러워요. 내 발밑이 단단하지 않고 금방이라도 꺼질 것 같은 불안을 느끼곤 하죠.

어느 시대가 더 행복했다고 단정지을 수는 없습니다. 그때도 행복한 사람, 불행한 사람이 있었고, 지금도 마찬가지죠. 다만, 이런 맥락을 알았으니 이제 우리는 현대 소설을 읽을 때 "나는 누구인가?"라는 질문으로 시작하는 겁니다. 소설은 갈등을 겪으면서 시작해요. 문제적 자아가 집을 나가서 사람들을 만나고 경험을 하면서 '나는 누구?'라는 답변을 찾는 거예요. 답을 못 찾을 수도 있습니다. 찾았다고 생각한 답이 오답일 수도 있고, 나중에 바뀔 수도 있죠.

김려령 소설가의 『완득이』(창비, 2008)를 보면 "완득아, 넌 어떠어떠한 존재란다", "이렇게 하면 1등급 딸 수 있어", "공부 잘해서 의대 가자"라며 주인공에게 사후적 운명을 밀어 넣는 사람이 없어요. 오히려 선생님도 부모님도 완득이에게 별로 관심을 갖지 않죠. 완득이는 혼자 고민해요. "난 누구지?"

모르니까 계속 충돌합니다. 계속 답변을 찾아 나서요. 그러다 막판에 "나는 복싱을 할 거야, 권투 선수를 할 거야"라는 결론을 찾습니다. 그런데 완득이는 권투 선수를 언제까지 할까요? 70세, 100세까지 살다가 잘 죽을 수도 있지만 안 그럴 수도 있죠. 중간이라도 "난 누구지? 난 왜 살고 있지? 내 존재 가치는 뭐지?" 이런 생각을 하다가 복싱을 그만두고 제빵사가 될 수도 있습니다. 유튜버가 되거나 여행을 떠날 수도 있는 겁니다. 꽉 막힌, 즉 완결된 결론이 아니라 안 끝난 것 같은 끝맺음도 가능한 거예요. 그러니까 현대 소설을 읽을 때 이런 생각을 하시면 됩니다.

"나도 내가 누군지 명확하게 모른다. 저 소설가도 그것을 찾고 있다. 나는 소설을 보면서 그가 찾은 답변을 살펴보겠다."

우리 안에는 엄청나게 많은 가능성이 있고, 진정한 나를 알아내는 것은 불교에 귀의해 오랜 수련을 거쳐도 힘든 일입니다. 그러니 소설을 읽으며 지속적으로 탐색해 보는 거죠. 수많은 경우의 수를 말이에요.

14

소설, 어떻게 읽을까?

소설은 누적된 인간 경험의 총체

저는 소설을 볼 때마다 "와! 이거 완전 꿀인데!"라는 생각을 합니다. 왜냐면 소설 덕분에 제가 보는 사회와 다른 사람(소설가)이 보는 사회를 알 수 있거든요. 우리는 한 사회를 살지만 사회는 결코 하나가 아닙니다. 거기에는 엄청나게 많은 단면이 있습니다. 같은 사회라도 보는 각도에 따라서 전혀 다르게 보일 수 있죠. 나는 평면으로 봤지만, 누군가는 조감도를 보듯 바라봤을 수도 있습니다. 즉, 소설을 보면서 나는 다른 사람의 모범 답안을 얻을 수 있습니다. 다양한 답안을 통해 사회 공부를 할 수 있는 거예요.

소설을 많이 읽을수록 다양한 사회를 알 수 있습니다. 일종의 미리보기라고 할까요? 우리는 인생을 딱 한 번밖에 못 살잖아요. 게임처럼 죽고 나서 리셋 할 수 없죠. 그런데 소설을 읽으면 인생을 여러 번 살 수 있습니다. 죽고 다시 태어나는 건 아니지만 다른 사람이 되어보는 경험을 할 수 있으니까요. "이런 상황에서 이런 경우가 있겠구나", "직장인한테 이런 애환이 있지", "연애할 때 이런 마음이지"라고 미리 간접 체험을 해볼 수 있습니다. 그래서 소설을 읽으면 세상을 보는 눈이 깊어지고 다양해진다는 장점이 있어요.

정리하면 소설은 일종의 인간 탐구 보고서입니다. 소설을 말 그대로 풀면 작은 이야기거든요. 누군가는 소설을 '잡스러운 이야기', '세상에 떠돌아다니는 뒷담화 같은 이야기'라며 폄하하지만 절대 그렇지 않습니다. 시대적으로나 양식적으로나 인간 존재를 이렇게까지 집중적으로 다양하게 탐구한 경우가 거의 없어요. 소설은 누적된 인간 경험의 총체이며, 가능성에 대한 탐색이라고 할 수 있습니다.

인간이 경험한 일을 다양하게 맛볼 수 있고, 인간이 어디까지 될 수 있고, 어디까지 인간이 아닌 존재가 될 수 있는지, 이런 것을 탐색하며 소설을 읽으면 참 좋습니다.

▌보이지 않는 두 가지 핵심, 세계관과 인물

소설을 보다 흥미롭게 읽고 싶다면 '보이지 않는 핵심들'에 초점을 맞춰보세요. 하나는 '세계관'입니다. 이 세계관 속에서 각각의 인물은 절대적 정답이 없는 질문에 대한 답을 찾아갑니다. 사라 페니패커Sara Pennypacker의 동화 『팍스』(아르테, 2017)에 이런 구절이 있습니다.

"난 내 삶을 이해하려고 노력하고 있어."

소설가마다 만드는 세계가, 또 주목한 세계의 단면은 다릅니다. 소설은 '어디에도 있을 법한 세계'와 '어디에도 없을 세계'를 다루니까요. 그 세계의 색깔을 '세계관'이라고 부릅니다.

소설의 보이지 않는 또 다른 핵심은 '인물'입니다. 한국 근대 소설의 완성자라고 불리는 이태준 소설가는 수필 「역사」에 이렇게 썼어요.

"소설은 사건보다 먼저 인물에 있다. 사건이란 인물에 소유되는 것이기 때문이다. 그러므로 작가가 역사에서 찾을 것은 먼저 인물이다. (중략) 소설은 오직 한 인물을 발굴해서 문헌이 착색해주는 대로 그 인물의 성격 하나를 포착할 뿐이다.

성격만 붙잡으면 그 성격으로써 가능하게, 자연스럽게는 얼마든지 문헌에 있고, 없고, 틀리고, 안 틀리고 간에 행동시킬 수 있는 것이다. 그것이 소설이다."

소설이 작가의 세계관 안에서 인물이 움직이는 이야기라면 소설가들은 어떻게 소설을 창작할까요? 김동인 소설가는 '인형조종술'이라는 창작방법론을 제안했습니다. 위대한 예술가는 자신이 창조한 세계를 인형 놀리듯 자유자재로 조종할 수 있어야 한다는 데에서 유래된 개념이죠. 즉, 예술가는 신이 세계를 창조한 것처럼 작품을 창조하고, 그렇게 창조한 세계를 마음대로 지배할 수 있어야 한다는 겁니다.

요즘에 '캐붕'이라는 단어가 있죠. 캐릭터 붕괴라는 뜻입니다. 캐릭터가 이 상황에서 하지 말아야 할 행동과 대사를 해서 어색할 때 이 단어를 씁니다. 요즘 생겨난 말이지만 사실 예전부터 소설가들은 '캐붕'을 주의했어요. 캐릭터, 즉 소설 속 인물을 마음대로 조종하지 못하는 것을 우려했고 인물을 입체적이고 개연성 있게 그려내지 못하는 것을 우려했거든요. 그러니 소설을 읽을 때는 소설가가 인물을 얼마나 효과적으로 포착해 내는지, 얼마나 '캐붕' 없이 끌고 가는지를 유심히 보세요. 인물만 보는 게 아니라 인물을 만들어낸 인물(소설가)까지 멀리서 보는 재미가 있습니다.

▌ 장르 소설의 문법은 정해져 있다

교과서 속 소설을 재미있게 읽은 기억이 없다는 분들이 많습니다.

교과서 속 소설에 재미를 못 느끼셨다면, 재미있는 소설을 읽으면 됩니다. 재미있는 소설 중에서도 제일 재미있는 건 장르 소설입니다. 장르 소설의 묘미를 쉽게 설명하자면 '아는 맛'을 읽는 겁니다. 장르 소설에는 창작자와 향유자 사이에 규칙이 있어요. 그 규칙을 보려고 들어가는 게 장르 소설 독자의 심리입니다. 예를 들어 제가 좋아하는 치킨이 있어요. 치킨이 먹고 싶으면 항상 그 치킨을 주문합니다. 아는 맛을 잊을 수가 없어서, 그 맛을 좋아해서, 그 브랜드 것을 시키는 거죠.

장르 소설도 마찬가지입니다. 문법이 정해져 있어요. 예를 들어 로맨스 소설의 문법은 이렇습니다. 로맨스 소설의 남자 주인공은 뭔가 많이 가졌어요. 머리숱도 많고, 키도 크고, 재산도 많고, 능력도 어마어마합니다. 그런데 딱 하나, 없는 게 있습니다. 성격이 나쁘던지, 감정이 메말랐던지, 숨겨진 콤플렉스나 비밀이 있어요. 여자 주인공은 반대입니다. 명랑하고, 귀엽고, 활발하며, 힘든 상황에서도 울지 않는 캔디 같은 스타일이 전형적입니다.

두 사람은 우연히 만납니다. 우연은 곧 운명이 되죠. 엘리베이터에 같이 타면 꼭 정전이 됩니다. 그것도 둘만 있을 때 말이죠. 섬에 도착하면 배가 뜨질 않게 되고요. 처음에는 소위 말하는 입덕 부정기를 겪지만 "우리 사랑할까요?", "네, 사랑합시다"라고 끝나는 게 로맨스 장르 소설의 문법이에요. 이 달달함을 좋아하기 때문에 로맨스 소설을 읽는 거죠.

추리 소설은 이렇습니다. 아주 풀기 어려운 문제가 생깁니다. 올림피아드 수학 문제보다 어려운 문제입니다. 남들이 못 푸는 살인 사건의 범인을 푸아로 경감이나 셜록 홈즈는 찾아내죠. 안 풀리던 문제가 풀릴 때의 희열감과 기쁨을 대리 만족하려고 추리 소설을 읽는 겁니다.

공포 스릴러 소설은 어떤가요? 소설 속에는 안전하고 안온한 작은 커뮤니티가 등장합니다. 작은 소도시에 있는 학교, 기숙사, 운동부 등이죠. 구성원들이 캠핑을 갔는데 살인마가 갑자기 들어와서 한 명씩 죽이는 거예요. 술에 취한 사람이 죽고, 술을 가지러 간 사람이 죽고, 연애하던 커플이 죽습니다. 나중에 최약체라고 생각했던 모범생 한 명이나 두세 명이 반격을 시작해서 살인마를 퇴치하죠. 공동체는 다시 안정성을 되찾습니다. 이런 감정의 쾌감을 얻기 위해서 공포 스릴러를 읽는다고 해요.

공상과학(SF) 소설의 배경은 종종 지구가 아닌 곳입니다. 파괴된 지구의 먼 미래일 수도 있는데, 아무튼 지금의 지구는 아니에요. 또는 외계가 등장하고 모르는 혹성이 나옵니다. 여기에 더해 인간이 아닌 존재가 나오기도 합니다. 고도로 발달한 AI라든지 외계인, 신기한 생명체 등이 등장하죠. SF 소설에서는 인간이 아닌 자의 눈으로 인간을 바라보면서 진정한 인간성이 무엇인지 알게 됩니다. '인간 아닌 것의 눈으로 인간을 바라보는 것' 이것이 SF 소설의 문법입니다.

어떤 소설을 좋아하는지 모른다면, 장르 소설을 한 편씩 읽어 보는 것도 추천드려요. 소설 읽기의 재미에 풍덩 빠질 수 있을 겁니다.

▮ 소설과 드라마, 차이는 끼어들기

소설을 읽느니 드라마나 영화를 보겠다고 하는 분들도 계십니다. 드라마는 꼭 챙겨보는데 소설은 안 읽힌다는 분들도 있어요. 소설과 드라마는 다른 점이 있습니다. 일단 소설은 글로 쓰여 있죠. 문장과 문장 사이에 우리가 직접 앉아 있을 자리가 있습니다. 비어 있는 부분이 있는 거죠. 완벽하게 완성된 게 아니기에 독자가 끼어들 여지가 있습니다.

예를 들어, 신데렐라 같은 여자 주인공이 등장하는 드라마를 본다고 가정해 봅시다. 종종 드라마에 몰입할 때가 있는데 그럴 때마다 저는 분명 40대 여성이지만 드라마 속 20대 여자 주인공의 자리에 제가 서 있는 듯 끌려 들어가요. 드라마 끝나면 다시 돌아오지만요. 그런데 소설은 조금 다릅니다. 소설을 읽다 보면 여주인공이 내 안에 서 있어요. 분명히 책에 나오는 인물인데, 내 안에 있는 거죠. 드라마를 보는 건 남이 만들어 놓은 파티에 초대를 받아서 가는 느낌이고, 소설을 보는 건 내가 파티를 열고 디테일을 정해서 손님들을 초대하는 느낌입니다.

저는 드라마를 무척 좋아합니다. 특히 추리물과 청춘물을 즐겨 보는데요, 우리나라 드라마를 싹쓸이하고도 더 이상 볼 게 없으면 대만 드라마로 갑니다. 일본 드라마와 중국 드라마로도 가요. 그런데 드라마가 좀 질릴 때도 있습니다. 그럴 때는 소설로 갑니다. 드라마도 재미있지만, 소설은 좀 더 적극적으로 세계를 구현하는 재미가 있습니다. 다양성의 측면에서도 압도적으로 많고요.

영상으로 보여줄 수 없는 무거운 진실이나 심의에서 탈락할 수 있는 이야기, 깊고 내밀한 묘사, 시청률 때문에 하지 못했던 부분까지도 소설에서는 접할 수 있습니다. 드라마와 소설을 양손에 쥐고 있을 수 있다면 정말 최고일 것 같네요.

15

소설 탐색의
즐거움

▌ 긴 이야기를 읽어내는 노력의 필요

소설 읽기가 어렵다고 하는 분들이 있습니다. 대부분 앞부분 30
퍼센트 정도까지가 어려워요. 소설은 어떤 충격이 가해졌다고 금
방 반응이 나오는 장르가 아닙니다. 사건을 전개시키는 일종의 빌
드업을 해야 해요. 장소도 설정해야죠. 캐릭터도 설정해야죠. 개
연성도 따라야죠. 시간과 공간을 세팅해야 합니다. 그러니까 소설
가가 설정한 인물, 관계, 사회적 배경 등을 이해하기 위해서는 초
반 30퍼센트 부분을 버텨야 합니다. 세계관으로 진입하는 데 시
간이 걸리는 거죠. 여기만 잘 넘기면 쭉 가게 됩니다. 조금 긴 것도

마찬가지예요. 앞을 넘기가 조금 어려워서 그렇지 초반 허들만 넘으면 정주행할 수 있습니다.

우리는 짧은 이야기에 익숙합니다. "여긴 이런 데야"라며 사진 한 장으로 SNS에 스토리를 올리기도 하죠. 어디에서 무엇을 하고 무엇을 먹었는지 정보 위주의 짧은 스토리를 보는 건 무척이나 쉽습니다. 하지만 짧은 이야기에 익숙해질수록 긴 이야기를 읽기가 어려워집니다.

긴 이야기를 읽어내는 능력을 키워보는 건 분명 의미가 있습니다. 원래 소설은 본질적으로 긴 이야기입니다. 단편이라고 해도 소설 속에는 한 사람의 인생이 담겨 있습니다. 한 사람의 아주 긴 시간이 한 편 또는 한 권의 이야기에 담겨 있어요.

긴 이야기를 감당해 보는 경험은 매우 중요한 일입니다. 우리 인생이 기니까요. 소설보다 훨씬 길죠. 저는 내 이야기를, 나의 인생이라는 이야기를 잘 만들어 가고 싶습니다. 지루할 때도 있고, 힘들 때도 있고, 괴로울 때도 있는데 그럭저럭 제법 잘 견디고 싶어요. 이렇게 견디면서 무언가를 만들어 가는 훈련을 소설을 읽으면서 해보세요. 소설을 일종의 모의시험이라고 생각하면서 이런 저런 시도를 해보는 거죠.

▎ 시대의 소설들

각 시대를 북두칠성처럼 이끈 소설들이 있습니다. 바로 시대 정신을 반영하는 작품들이죠. 1960년대를 대표하는 가장 중요한 소설 중 하나로 최인훈 소설가의 『광장』이 있습니다. 저는 고등학교 때 교과서에서 읽었는데, 솔직히 말해서 재미는 없었어요. 하지만 광장은 재미로 읽는 소설이 아니라 의미로 읽는 소설입니다. 그 안에 담긴 상징을 접해야 해요. '광장'이라는 제목부터가 굉장히 상징적이죠.

『광장』은 4·19 혁명의 상징과 같은 작품이었기 때문에 문학사적으로는 굉장히 큰 의미를 가지고 있습니다. 소설 속 주인공은 제3국으로 망명을 선택하는데요, 시대적인 사건과 맞물려서 그 당시를 압축하는 의미로 이해할 수 있습니다. 안 읽은 사람은 있어도 이 소설을 처음 들어본다는 사람은 저와 동시대를 산 사람 중에는 없을 거예요.

1960년대 유행했던 또 다른 소설을 꼽으라면 헤르만 헤세Hermann Hesse의 『데미안』이 있습니다. 루이제 린저Luise Rinser의 『생의 한가운데』도 엄청난 인기를 끌었죠. 헤세도, 린저도 독일 작가입니다. 우리나라에선 독일 작가들의 작품이 인기가 많았는데요, 역사적으로 비슷한 아픔을 겪었기 때문이 아닌가 싶습니다. 펄 벅Pearl Buck의 『대지』, 제롬 샐린저Jerome David Salinger의 『호밀밭의 파수

꾼』도 당대 유행했습니다. 다자이 오사무의 『인간 실격』, 미우라 아야코의 『빙점』도 많은 사람에게 읽혔던 작품입니다.

1970년대는 앙투안 드 생텍쥐페리Antoine de Saint-Exupéry의 『어린 왕자』가 들어온 시기입니다. 저는 『어린 왕자』의 새로운 번역본 이나 판본이 나올 때마다 광적으로 모을 정도로 이 작품을 좋아 했습니다. 리처드 바크Richard David Bach의 『갈매기의 꿈』도 이 시기 에 유행했습니다.

또 하나, 1970년대를 말할 때 빼놓을 수 없는 작품은 조세희 소 설가의 『난장이가 쏘아올린 작은 공』입니다. 얼마 전에 대학생들 과 이야기를 나눌 시간이 있었는데, 인생의 책이 뭐냐고 물었을 때 가장 많이 나왔던 작가가 조세희 소설가였어요. 1970년대 작 품을 2020년대 한국 대학생들이 감명 깊게 읽고 있다는 이야기를 듣고 굉장히 놀랐지만, 이 작품은 충분히 그럴만한 가치가 있죠. 안 읽어보신 분들은 꼭 읽어보세요. 읽고 난 난 후에도 여운이 굉 장히 많이 남는 작품입니다.

1980년대는 이문열 소설가의 시대가 아닐까 싶습니다. 『우리 들의 일그러진 영웅』을 필두로 『삼국지』까지 엄청난 열풍이었죠. 그리고 1990년대에 무라카미 하루키가 등장합니다. '하루키 신드 롬'이라고 불러도 될 정도로 어마어마한 인기를 끌었죠. 하루키가 연 문을 따라서 일본의 다양한 작가들의 작품이 번역 출간되는 붐 이 있었습니다.

1960년대부터 1990년대까지만 해도 10~20명 안팎의 작가들이 쓴 소설을 읽으면 어디 가서 대화할 때 빠지지 않았어요. "너 그거 읽었어?", "너도 읽었어?" 이런 식이었죠. 그런데 1990년대 중후반부터는 다양한 경향의 작가들이 많이 등장했습니다. 이런 작가들이 많다는 건 우리에겐 축복이고 장점이죠. 골라 읽을 수 있는 선택지가 늘어났다는 뜻이니까요. 시대를 관통하는 하나의 공통 분모가 사라지고 다양성의 시대가 되었다는 의미이기도 합니다.

예전에는 소설의 지형도가 북두칠성처럼 큰 별들이 반짝이는 것이었다면, 지금은 많은 별들이 반짝이는 은하수입니다. 다양성의 지평이 확대되면서 '북두칠성의 시대'에서 '은하수의 시대'가 되었죠. 그만큼 본인 취향의 소설을 고르시는 데는 조금 더 시간이 걸릴 수도 있어요. 아쉬운 것은 책 읽는 독자가 줄어들었다는 점입니다. 요즘엔 소설보다 영상을 더 많이 탐색하죠. 다양성이 늘어나는 것은 좋은 일이지만, 다양성의 총합이 줄어드는 것이 무척이나 아쉽습니다. 많은 분들이 영상 탐색 외에도, 소설 탐색 또한 즐기시면 좋겠습니다.

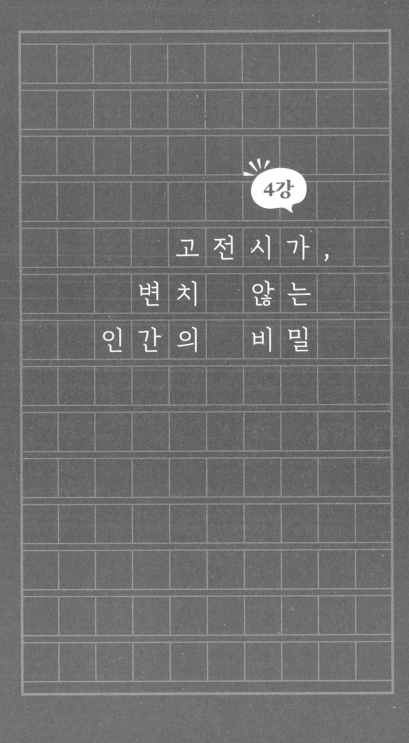

4강

고전시가,
변치 않는
인간의 비밀

4강을 시작하며

'고전' 하면 뭐가 떠오르세요? 좋은 것이고, 훌륭한 것이고, 읽어야 하는 것이라는 생각이 드시나요? 그런데 막상 읽으려니 고리타분해 보이고, 무슨 말인지 모르겠다고요?

"남들은 고전이 좋다고 하는데, 나는 왜 좋은지 모르겠다." 이런 분들을 위해 이번 강에서는 '고전시가에 담긴 세 가지 마음'에 대해 이야기하려고 합니다. 결론적으로 고전은 우리 인간을 이해하려고 읽는 거예요. 바로 여기 있는 우리들 말입니다. 사실 많은 사람들이 고전을 좀 부담스러워합니다. 옛것이니 낡았다고 생각하죠. 하지만 고전을 '고리타분한 정전'의 준말이라고 생각하지 않았으면 좋겠어요. 고전은 옛날부터 내려온 것이 맞습니다. 오래 살아남은 건 이유가 있죠. 반대로, 태어난 지 얼마 안 된 따끈따끈한 고전도 있습니다. 읽을 때마다 새로운 의미가 나오고, 10년 전에 읽을 때와 지금 읽을 때가 달라지는 것. 저는 이런 것도 클래식이고 고전이라고 생각합니다. 이번 강에선 제 시각으로 바라본 고전에 대한 해석과 더불어 전해 내려오는 해석을 함께 모아서 전해 드릴게요.

"고전은 왜 읽어야 하나요?" 그러게요, 고전은 왜 읽어야 할까요? 세상은 변합니다. 저도 변하고, 여러분도 변하죠. 제가 대학생일 때는 키가 큰 여학생이었어요. 그런데 지금은 별로 크다는 생각을 안 합니다. 저보다

키가 큰 사람들이 많으니까요. 조선시대에는 평균 수명이 40세가 안 되었어요. 유아 사망률이 워낙 높았거든요. 그런데 지금 우리는 100세 시대를 살고 있죠. 이렇게 모든 것이 변하는데 천 년 전이나 지금이나 크게 변하지 않은 것도 있습니다.

이 변하지 않는 것을 철학자는 '인간의 본질'이라고 할 거고, 심리학자는 '인간의 본성'이라고 할 것입니다. 시인과 소설가는 '인간성'이라고 부르고요. 사물도 변하고, 환경도 변하고 세태도 변하지만 '변하지 않는 것'이 있다는 것은 일종의 안심이 됩니다. 영화 <봄날은 간다>에 나오는 명대사가 있습니다.

"어떻게 사랑이 변하니."

사랑은 변해도 사랑하는 마음이 인간에게 있다는 사실 자체는 변하지 않습니다. 사랑하는 사람과 헤어진 후 시간이 지나면서 잊기도 하지만 이별할 때 슬픈 마음이 드는 것은 변하지 않죠. 너무 지치고 힘들 때 자연으로 돌아가고 싶은 마음 자체도 변하지 않더라고요. 이런 인간의 마음은 천년 전의 고전시가에서도 변하지 않고 나타납니다. 현대인의 마음을 고전에서도 발견할 수 있는 것이죠. 고전에는 현대인의 또 다른 얼굴이 들어 있습니다. 지금부터 현대인 같은 옛사람을 찾아 떠나보려고 합니다. 그 안에 우리의 작은 조각이 들어 있으니까요.

16

슬프고
비통한 마음

▎아이를 잃은 어머니의 마음

인간의 삶에 가장 진하게 남는 감정이 무엇일까요? 여러 감정이
있겠지만 그중 슬프고 비통한 마음이 아닐까 싶어요. 우리의 마
음은 즐거움보다 고통을 더 오래 기억합니다. 고통 중의 고통, 비
통 중의 비통이 드러나 있는 시로 허난설헌의 작품을 소개하겠습
니다.

　허난설헌의 본명은 허초희로 조선시대 문인이었습니다. 자
라면서 아버지와 형제들에게 사랑을 많이 받은 것 같아요. 아무
리 양반집 규수라고 해도 당시 여성이 한문 공부를 하는 것은 집

안의 허락이 있어야 했거든요. 허난설헌의 아버지는 딸의 재능을 귀하게 여긴 게 아닐까요? 하고 싶은 공부를 하도록 허락해 줬으니까요.

허난설헌은 『홍길동전』을 쓴 허균의 누이로도 유명합니다. 타고난 재주가 빼어났지만 아주 짧은 생애를 살다가 죽었죠. 그녀는 죽을 때 자신이 쓴 시문을 다 태워달라고 했어요. 그런데 허균이 누나를 몹시 사랑했거든요. 그래서 남은 것들을 모아서 문집을 냈습니다. 허난설헌 본인이 원한 일은 아니었지만 후대 사람들을 생각하면 다행스러운 일이죠.

여러 시들 중에서 비통한 마음을 담은 「곡자哭子」가 있습니다. '자식의 죽음을 슬퍼한다, 통곡한다'는 뜻입니다. 허난설헌에게는 딸 하나와 아들 하나가 있었는데 두 아이 모두 병으로 죽었어요. 얼마나 슬펐을까요. 자식을 먼저 보낸 엄마의 마음은 이루 다 헤아리지 못할 겁니다.

去年喪愛女(거년상애녀) 지난해 귀여운 딸을 잃고

今年喪愛子(금년상애자) 올해는 사랑하는 아들 보내네.

哀哀廣陵土(애애광릉토) 서러워라 서러워라 광릉 땅이여

雙墳相對起(쌍분상대기) 봉분 둘 나란히 마주하고 섰구나.

蕭蕭白楊風(소소백양풍) 백양나무엔 쓸쓸한 바람

鬼火明松楸(귀화명송추) 도깨비불만 무덤 둘레 희미하게 비치네.

紙錢招汝魄(지전초여혼) 지전 살라 넋을 부르노라.

玄酒尊汝丘(현주전여구) 맑은 물 올려 제를 지내네.

應知弟兄魂(응지제형혼) 너희 넋 동기간인 줄 부디 알아보고

夜夜相追遊(야야상추유) 밤마다 서로 좇아 사이좋게 놀아라.

縱有腹中孩(종유복중해) 비록 뱃속에 아기 있다만

安可冀長成(안가기장성) 그 아인들 잘 자라기 어찌 바라랴.

浪吟黃臺詞(랑음황대사) 부질없이 황대사 읊조리며

血泣悲呑聲(혈읍비탄성) 피눈물로 울음소리 삼키노라.

_ 허난설헌, 「곡자」 전문

두 아이를 잃고 시를 썼을 당시, 그녀의 태중에는 셋째 아이가 자라고 있었습니다. 당시 그녀의 마음이 어떠했는지 조금 어려운 단어를 통해 유추해 볼 수 있습니다. '황대사'라는 단어인데요, 이는 중국 당나라 고종의 둘째 아들이었던 장회태자 이현이 쓴 시의 제목입니다. 장회태자의 어머니는 그 유명한 측천무후예요. 권력욕이 어마어마했던 여성이죠. 측천무후는 자신의 권력을 위해 첫째 아들을 죽게 만들었습니다. 둘째 아들 이현도 생명의 위협을 느꼈는데 그때 쓴 「황대사」의 내용은 이렇습니다.

황대 아래 오이를 심으니

오이가 주렁주렁 익었네

한 개 따갈 때는 오이도 좋았지만

두 개 따갈 때는 오이도 드물어지고

세 개 따갈 때는 아직 희망이 있었는데

네 개 따가고 나니 넝쿨만 남았다

_이현, 「황대사」 전문

이현에게는 자신을 포함해 형제가 넷이 있었어요. 오이 네 개를 다 따간다는 건 사 형제 모두 죽을 거라는 뜻이죠. 아들이 어머니를 두려워하고 어머니를 비판하는 시입니다.

그런데 허난설헌은 왜 이 시를 인용했을까요? 이현의 시에는 어머니라는 말이 안 나오지만, 자식을 죽인 나쁜 어머니에 대한 비난이 들어 있어요. 허난설헌은 스스로를 비난하고 있는 겁니다. 본인을 자식을 못 지킨 나쁜 어머니라고 생각한 거죠. 그래서 마지막에 '부질없이 황대사 읊조리며 피눈물로 울음소리 삼키노라' 라는 구절을 쓰지 않았을까요.

저도 두 아이를 키우는데 이 시를 읽으면 감정 이입이 되어 마음이 힘듭니다. 아이가 고열에 시달리거나 다치면 밤에 아이를 재워놓고 막 자책해요. 내가 아이를 보살피지 못해서 아픈 것 같거든요. 그런데 자식을 무덤에다 묻고 난 시인은 얼마나 아픈 마음으로 이 시를 썼겠어요. 생각만 해도 가슴이 굉장히 아픕니다. 실제로 허난설헌은 임신하고 있던 세 번째 아이마저 잃습니다. 그리고 27세라는 젊은 나이에 죽었죠. 한 여인의 슬픈 운명, 슬픈 인생사가 이 시에 깔려 있습니다.

자식이 죽을 때의 아픔을 장이 토막토막 끊기는 아픔과 같다고 하여 단장지애斷腸之哀, '단장의 아픔'이라고 합니다. 이 비통한 마음이 과연 허난설헌만의 것일까요? 천 년이 지나도 자식을 잃어버린 어머니의 마음은 변하지 않습니다. 허난설헌의 아픔은 지나가 버린 낡은 감정이 아니라 자식을 잃은 모든 어머니의 공통된 마음이라는 생각이 듭니다.

가끔 굉장히 슬프고 두려운 소식이 들려올 때 이 시를 떠올리곤 해요. '그때 그 마음이 지금도 살아 있구나. 허난설헌이 조선시대에만 있었던 게 아니라 지금 우리 시대에도 살고 있구나' 이런 생각이 들어서 쉽게 읽고 잊어버릴 수가 없습니다.

▍군주를 잃은 신하의 마음

자식의 죽음만 비통한 것이 아닙니다. 사랑하는 사람을 잃는 것도 비통한 일이죠. 사랑의 크기만큼 비통의 크기가 찾아옵니다. 조선 시대에는 임금님을 '님'에 비유한 시가가 굉장히 많았어요. 지금 소개할 시는 님처럼 사랑하던 주군을 잃고, 마치 세상을 잃어버린 것처럼 살았던 한 사나이의 이야기입니다.

하서河西 김인후는 신동으로 유명했어요. 어릴 때부터 머리가 총명하고 시재가 출중하여 사람들의 기대가 굉장했다고 합니다. 임금이 이런 김인후를 세자의 스승으로 삼았죠. 나이 차이가 세자와 얼마 나지 않았던 김인후는 세자의 좋은 친구이자 스승이 됩니다. 그러니 세자가 왕이 되었을 때 얼마나 기뻤겠어요? 둘이 학문을 논하면서 조선의 미래를 논하고 "우리 이런 정치를 펼쳐보자!" 하여 청운의 꿈을 펼쳤겠죠. 그 왕이 바로 인종이었습니다. 그런데 인종은 즉위하자마자 1년도 못 되어 사망합니다.

자신이 그토록 애정을 쏟았던 인종이 사망했으니 상심이 얼마나 컸겠어요. 그는 다음 왕에게 자기 관직을 의탁하지 않았어요. 사직하고 낙향한 후 성리학 연구에 매진합니다. 그 마음을 적은 시가 바로 「유소사有所思」라는 시입니다. '유소사'란 그리움이라는 뜻입니다. 보통 멀리 떨어져 있는 사람을 생각하는 시에 이런 제목을 붙이는데, 김인후에게 그 사람은 생사 길을 넘어 있군요.

君年方向立(군년방향립) 임금의 나이 서른이 되려 하고

我年欲三紀(아년욕삼기) 내 나이는 서른 여섯이 되려 하네

新歡未渠央(신환미거앙) 새로운 즐거움 반도 누리지 못했는데

一別如絃矢(일별여현시) 한 번의 이별 활줄의 화살 같네

我心不可轉(아심불가전) 내 마음 변할 수 없고

世事東流水(세사동류수) 세상일은 동쪽으로 흘러가는 물과 같네

盛年失偕老(성년실해로) 한창 때 해로할 이 잃어버리고

目昏衰髮齒(목혼쇠발치) 눈 어둡고 머리와 이도 시들어 버렸네

泯泯幾春秋(민민기춘추) 적적하게 살기 몇 해이던가

至今猶未死(지금유미사) 지금껏 아직도 죽지 못했네

柏舟在中河(백주재중하) 백주는 하수의 중류에 있고

南山薇作止(남산미작지) 남산엔 고사리가 돋아났네

却羨周王妃(각선주왕비) 도리어 부럽구려 주나라 왕비는

生離歌卷耳(생리가권이) 생이별로 권이를 노래했으니

_김인후, 「유소사」 전문

주나라 왕비는 생이별을 했기에 만난다는 희망이라도 있지만
나는 주군과 완전히 사별을 했으니 다시 만날 길이 없다는 구절에

138

서 절망이 느껴집니다. '적적하게 살기 몇 해이던가, 지금껏 아직도 죽지 못했네'라는 구절에서도 슬픔의 크기를 짐작할 수 있죠. 이런 시를 읽으면 낙심, 즉 '절망'이라는 마음도 굉장히 오래된 주제라는 생각이 듭니다.

▌ 아내를 잃은 남편의 마음

자식을 잃은 어머니의 마음, 주군을 잃은 신하의 마음이야 더할 나위 없이 슬프지만 아내를 잃은 남편의 마음도 비통하기 이를 데 없습니다. 아내의 죽음을 슬퍼하는 남편이 지은 시를 슬퍼할 도悼, 망할 망亡자를 써서 '도망시悼亡詩'라고 합니다. 한문학을 하는 양반들은 왠지 근엄할 것 같고 자기 속내를 잘 드러내지 않을 것 같은데, 그들도 아내가 죽었을 때의 슬픔은 참을 수 없었나 봐요. 조선시대에 쓰인 여러 편의 도망시 중에서도 가장 탁월하다고 평가되는 작품이 추사 김정희의 「배소만처상配所輓妻喪」입니다.

추사 김정희 하면 '세한도'가 먼저 떠오릅니다. 세한도를 보면 묵을 풍성하게 쓰지 않았어요. 세한도는 차가운 겨울의 메마름을 보여주는 소나무와 뼈대만 남은 집을 굉장히 건조하게 그려놨거든요. 감정이 풍부하게 읽힌다기보다는 지사로서의 기상과 뜻이 보이는 그림이죠. 이런 그림을 그린 김정희가 이렇게 감정이 끓어오르는 시를 썼다는 사실이 무척이나 놀랍습니다. 아내를 잃은 슬픔이 그만큼 컸다는 뜻이죠.

추사 김정희의 '세한도' (출처: 한국사전연구사 한국미술오천년)

聊將月老訴冥府(요장월로소명부) 월하노인 시켜 저승에 호소하여

來世夫妻易地爲(내세부처역지위) 다음 세상에서 당신과 내가 바꿔 태어나

我死君生千里外(아사군생천리외) 나는 죽고 당신은 천리 밖에 살기를

使君知有此心悲(사군지유차심비) 당신이 이 내 슬픈 마음을 알도록

_김정희, 「배소만처상」 전문

시에 나오는 월하노인은 운명의 붉은 실로 사람의 인연을 맺

어주는 중매의 신입니다. 월하노인이 끈을 묶어주면 두 사람은 반드시 부부가 된다고 하죠. 김정희는 이 월하노인에게 다음 생에도 부인과 자신이 태어나게 해달라고 빕니다. 그런데 내가 그녀로 태어나고, 그녀가 나로 태어나면 좋겠대요. 그리고 내가 그녀보다 먼저 죽으면 좋겠다고 합니다. 사랑하는 사람이 먼저 죽은 아픔을 당신도 겪어보라는 건데, 이건 원망이 아닙니다. 내가 그만큼 당신을 사랑했고, 당신을 잃은 게 너무 아프다는 내용이죠.

이 시를 썼을 때 김정희는 제주도에 유배를 가 있었습니다. 천리 밖에 유배를 와 있는 자신을 대신해서 아내는 시부모님을 모시고 자식을 건사하면서 가장이 없는 집안을 꾸려나가고 있었습니다. 아내에게 얼마나 고마웠겠어요. 그런데 어느 날 갑자기 아내가 죽었다는 소식이 전해집니다. 당시 통신 체계를 생각하면 빨리 전해지지도 못했을 거예요. 아내가 죽은 뒤 한참 후에야 편지를 받았겠죠. 임종도 지키지 못했으니 미안하고 안타깝고 슬펐을 겁니다. 유배 중이니 가지도 못하고 마지막 인사를 이 시로 대신했겠죠. 아내에게 보내는 헌사이자 사랑의 작별이고 마지막 인사였습니다.

이런 슬픔이 조선시대에만 있진 않습니다. 우리도 슬플 때가 있고 울 때가 있습니다. 슬픈 사람은 그때도 있었고 오늘도 있고 앞으로도 있을 겁니다. 조선시대는 아니고 최근에 나온 시인데요, 이현우 시인의 「세상의 모든 울음」 중에 이런 구절이 있습니다.

"세상에 홀로 우는 것은 없다. 혼자 우는 눈동자가 없도록 우리는 두 개의 눈으로 빚어졌다."

저는 이 구절을 읽고 위로를 받았어요. 세상에 홀로 우는 것이 없도록 우리가 두 개의 눈으로 빚어진 존재라는 사실이 위안이 되더라고요.

생각해 보면 우리에겐 손도 두 개입니다. 외로울 땐 나의 왼손이 오른손을 잡아줄 수 있죠. 이런 생각을 하면 비통한 마음을 쓴 고전시가들은 나의 오른손을 잡아주는 나의 왼손, 혹은 혼자 울지 말라고 생겨난 두 눈 같다는 생각도 듭니다. 감당하기 힘든 슬픔을 아주 오래전부터 견뎌온 사람들을 보면서 오늘 나의 슬픔은 조금 작아지는 것을 느낍니다. 큰 슬픔 앞에서 내 슬픔은 위로를 받고 조금 더 견뎌볼 힘을 얻습니다.

17

사랑과
그리움

▌ 죽음도 갈라놓지 못한 홍랑의 러브스토리

이렇게 슬픈 이야기만 하면 고전시가는 죄다 우는 내용이냐고 생각하실까 걱정입니다. 전혀 그렇지 않습니다. 아주 달콤하고 마음이 말랑해지는 그런 시들도 많거든요. 변하지 않는 마음 중에 슬픔이 있다면 변하지 않는 마음 중에는 분명 사랑도 있겠죠. 누군가를 사랑하고 싶은 마음은 예전이나 오늘이나 마찬가지입니다. 우리 인생에 한 번은 사랑이 오잖아요. 그래서 지금 소개할 시들이 낯설지 않으실 거예요.

　제가 첫 번째로 꼽은 사랑시는 홍랑의 「묏버들 가려 꺾어」입니다. 저희 어머니는 이 시를 너무 좋아해서 외우고 다니세요. 당신이 홍랑이라고 생각하는 게 아닐까요? 아버지를 무척 사랑하시거든요. 이 시를 읽으면 어머니가 생각나기도 하고, 조선의 시 한 편이 시골에 살고 있는 할머니의 마음을 움직였구나 싶어서 감격스럽기도 합니다. 조금 무심한 할머니의 마음도 울릴 정도니 다른 사람들의 마음에도 들어갈 수 있지 않을까 싶어서 가져왔습니다.

묏버들 가려 꺾어 보냅니다, 님의 손에
주무시는 창밖에 심어두고 보소서.
밤비에 새잎 나거든 날인가도 여기소서.

_홍랑, 「묏버들 가려 꺾어」 전문

말이 참 예쁘지 않나요? 묏버들은 산에서 자라는 야생 버들인데 예쁘고 예쁜 것으로만 가려서 보낸대요. 주무시는 창밖에 심어두고 보래요. 사랑의 징표를 사적인 공간에 두고, 예쁜 새잎이 나면 나처럼 여겨달라는 마음이죠. 나를 잊지 말라는 이야기입니다.

이 시에는 유명한 러브스토리가 있습니다. 홍랑은 함경도 관청의 기생이었어요. 신분이 낮은 여성이었죠. 그 지방에 고죽 최

144

경창이 관리로 부임해 옵니다. 둘 다 시를 잘 쓰고 예술적인 재능이 있다는 공통점 때문인지 두 사람은 만나는 순간 사랑에 빠졌습니다. 그런데 최경창은 홍랑을 두고 다시 한양으로 돌아가야 했습니다. 관기였던 홍랑은 따라갈 수 없었죠. 홍랑은 떠나는 최경창을 따라가다가 더 이상 따라갈 수 없는 어느 산길에서 이 시를 썼다고 합니다.

이 시에 담긴 이야기는 이후에도 계속됩니다. 한 번 만나고 헤어진 이야기가 아니에요. 홍랑은 최경창을 잊지 못했습니다. 최경창이 50세도 안 되어 죽자 홍랑은 그의 무덤을 찾아갔어요. 무덤 옆에 움막을 짓고 무덤을 지켰습니다. 여기가 끝이냐고요? 아직 아닙니다. 임진왜란이 터졌을 때 홍랑은 자신이 사랑했던 남자의 시를 챙겨서 피난을 갔습니다. 지금 자신이 사느냐 죽느냐 위급한 상황인데 최경창이 남긴 작품을 챙겨간 거예요. 그리고 시를 지키는 데 성공했죠.

아직 최경창의 문집이 남아 있는 것은 홍랑 덕분입니다. 그래서 최경창의 후손들은 홍랑을 '홍랑 어르신'이라고 부른다고 해요. 절절한 사랑의 이야기를 알고 읽으니 '묏버들을 가려 꺾었다'는 의미가 더 깊게 다가오지 않나요?

▎조선시대 연애담의 전설, 황진이

　사랑에 대한 시를 말할 때 황진이를 빼놓을 수 없습니다. 그녀는 조선시대 연애담의 전설이라고 할 수 있죠. 황진이라는 이름 석 자에는 진위가 확인되지 않은 전설 같은 이야기가 여럿 따라옵니다. 전설이 많은 인물은 대중문화에서 자주 재탄생되곤 하는데요, 조선시대 인물 중에서도 황진이는 드라마나 영화에서 좋아하는 여성 캐릭터 중 하나입니다. 중·고등학교 때부터 황진이의 시조를 많이 접했지만 이 사람은 알면 알수록 매력 있다는 생각이 들어요.

　새롭게 해석하자면 황진이야말로 요즘 로맨스 웹소설의 어머니라고 해도 과언이 아닙니다. 로맨스 웹소설이나 드라마에는 '선 계약, 후 연애' 또는 '선 결혼, 후 연애'라는 모티브가 있죠. 바로 이 계약 연애의 선구자가 바로 황진이였습니다. 황진이와 계약 연애를 했던 주인공은 소세양이었습니다. 그는 뛰어난 문장가로 훗날 이조판서까지 지냈죠. 황진이와 소세양은 딱 한 달짜리 계약 연인이 되었습니다. 그러나 이 계약은 지켜지지 못했어요. 황진이가 진짜 좋아진 소세양은 한 달만 연애하자는 약속을 깨고 더 오래 머물렀다고 합니다. 그 뒤로도 황진이는 서경덕과 유명한 연애 일화를 남기기도 하죠. 자신의 솔직한 마음을 숨기지 않았다는 면에서 저는 황진이, 그녀가 멋집니다. 황진이가 쓴 사랑의 많은 시들

중에서 소개해 드릴 시는「어져 내 일이야」입니다.

어져 내 일이야 그릴 줄을 모르던가

이시라 하더면 가랴마난 제 구태여

보내고 그리는 정은 나도 몰라 하노라

_황진이, 「어져 내 일이야」 전문

해석을 하면, '아이고 내가 한 일이야, 그렇게 될 줄을 몰랐냐. 있으라고 했으면 갔겠냐마는, 제가 구태여 보내놓고 그리워하는 마음은 나도 모르겠다'입니다.

이 시에는 중의적으로 해석되는 부분이 있습니다. 두 번째 구절과 세 번째 구절인데요, '네가 나보고 있으라고 했으면 있었을 텐데, 네가 굳이 가라고 해놓고 왜 나를 그리워하는지 나도 모르겠다'로 해석할 수도 있고, '내가 그에게 있으라고 했으면 있었을 텐데 굳이 그를 보내놓고 왜 그리워하는지 모르겠다'로도 해석할 수 있습니다. 누가 보냈느냐에 따라 뜻이 달라지는 겁니다. 어느 쪽으로 읽든지 간에 "헤어졌어. 하지만 그 사람 보고 싶어! 그리워!" 이런 마음이죠. 아, 역시 솔직합니다.

▌ 가곡으로 남은 설도의 시

황진이 같은 절세의 여인이 우리나라에만 있었던 것은 아닙니다. 중국에도 황진이에 비견할 만한 인물이 있었는데요, 당나라의 '설도薛濤'입니다. 설도는 중국 당나라 장안에 살고 있던 시인입니다. 황진이가 서경덕을 사랑했듯, 설도는 원진이라는 시인을 사랑했죠. 원진은 설도보다 연하였는데요, 연상이건 연하건 간에 설도가 연인을 사랑했던 그 마음이 황진이와 상당히 비슷합니다. 설도가 쓴 시 「춘망사春望詞」는 '떠나는 봄을 그리워하다'라는 뜻입니다. 이 시를 1930년대에 김억 시인이 번역을 했는데요, 같이 읽어볼까요?

花開不同賞(화개부동상) 꽃이 피어도 함께 즐길 사람이 없고
花落不同悲(화락부동비) 꽃이 져도 함께 슬퍼할 사람이 없네.
欲問相思處(욕문상사처) 묻고 싶소, 그대는 어디에 계신지
花開花落時(화개화락시) 때맞춰 꽃들만 피고 지는구나.

攬草結同心(남초결동심) 풀을 따서 내 이 마음과 함께 묶어
將以遺知音(장이유지음) 지음의 님께 보내려 하지만
春愁正斷絕(춘수정단절) 봄날 시름에 님의 소식은 속절없이 끊어지고

春鳥復哀吟(춘조복애음) 봄새만 다시 찾아와 애달프게 우는구나.

風花日將老(풍화일장로) 꽃잎은 하염없이 바람에 지고

佳期猶渺渺(가기유묘묘) 만날 날은 아득타 기약이 없네

不結同心人(불결동심인) 무어라 맘과 맘은 맺지 못하고

空結同心草(공결동심초) 한갓되이 풀잎만 맺으려는가.

那堪花滿枝(나감화만지) 어떻게 견딜까, 가지 가득 핀 저 꽃이여

翻作兩相思(번작양상사) 괴로워라, 사모하는 이 마음은 어이할꼬

玉箸垂朝鏡(옥저수조경) 눈물이 아침 거울에 떨어져 흐르네

春風知不知(춘풍지부지) 봄바람아 넌 이런 내 마음을 아느냐 모르느냐.

_설도, 「춘망사」 전문

「춘망사」 세 번째 수에 곡을 붙인 것이 바로 그 유명한 가곡 '동
심초'입니다. 동심초라는 가곡 제목은 시의 '공결동심초'에서 따
온 말입니다. 아내 될 사람과 신랑 될 사람의 사주단자를 청실홍
실로 묶은 매듭을 동심결이라고 합니다. 기생이었던 설도는 원진
과 결혼할 수 없는 신분이었어요. 동심결로 인연을 맺고 싶지만
헤어질 수밖에 없는 마음을 '헛되이 풀잎만 맺고 있다'고 표현한

거죠.

　사랑하고 그리워하는 마음이 고전시가만의 전유물은 아닙니다. 여성 시인의 전유물만도 아니었죠. '님은 갔지만 나는 님을 보내지 않았습니다'라는 구절로 유명한 한용운 시인의 시 「님의 침묵」에도 같은 마음이 있으니까요. 사랑의 마음은 현대까지 시로, 대중가요의 가사로 수없이 탄생되었습니다. 아무리 오랜 시간이 흘러도 누군가를 사랑하고 그리워하는 마음 자체를 없애지는 못하는 법이니까요.

　사랑하는 마음은 강제로 멈춰지는 게 아닐 겁니다. 그리움은 사랑의 다른 말이기도 하죠. 사랑은 이토록 큰 문제인데, 요즘 청년들이 사는 게 힘들어서 연애도 포기한다고 하는 이야기를 들으면 마음이 아픕니다. 수천 년, 수백 년 동안 수많은 노래와 시로 표현되었다는 건 사람의 본질이라는 거잖아요. 그런데 연애를 할 수 없다니요! 연애가 사라지는 시대를 살아가고 있는 것 같아서 쓸쓸합니다.

18

자연의
섭리

▌ 자연이 주는 위로

사는 동안 힘든 일을 겪으면 어딘가로 도망치고 싶어집니다. 그럴 때 저는 밖에 나가서 걷습니다. 헨젤과 그레텔이 빵조각을 떨어트 렸던 것처럼, 저도 제 안의 슬픔을 길 위에 떨어뜨리려고 하죠. 특히 나무가 있는 곳, 풀이 있는 곳, 물소리가 들리는 곳을 걸으면 더욱 위로받는 느낌이 듭니다. 나무와 물은 저를 위로할 의도가 없겠지만 자연을 접하면 어머니의 품에 들어온 것 같거든요. 내가 돌아갈 시작점이라는 생각도 듭니다. 힘든 사람에겐 마지막 피난처와 같고, 지친 사람에게는 위로하는 친구와 같으며, 의탁할 곳

없는 사람에겐 변함없이 맞아주는 곳이 바로 자연이죠. 그래서 많은 사람들이 힘들 때 자연을 찾나 봅니다.

자연을 찾는 마음 중의 하나로 시성詩聖이라고 불리는 시인 두보杜甫의 시를 살펴보려고 합니다. 그의 시 「춘망春望」, 「강촌江村」 「등고登高」는 중·고등학교 교과서에도 실려 있어요. 우리 고전시가를 공부하는데 왜 중국의 시인 두보가 중요할까요? 그가 우리나라 시가에 많은 영향을 미쳤기 때문입니다.

두보는 '고생의 아이콘'입니다. 인생이 이렇게 안 풀릴 수가 없어요. 시적인 재능은 굉장히 뛰어났는데, 그 재능을 좌르륵 펼쳐서 성공한 사람은 아니었어요. 오히려 세상의 엄청난 시련 앞에서 고생고생하면서 시를 쓴 사람입니다. 우선 벼슬에 나가는 나이가 많이 늦었어요. 그래도 겨우 하급 관리가 됐는데 이때 '안록산의 난'이 터집니다.

그는 가족을 먼저 탈출시키고 나중에야 피난을 떠나는데, "아냐, 나는 관리야. 이곳을 지켜야지" 하고 돌아옵니다. 돌아온 후에는 굉장히 오랜 시간 동안 억류되어 있었어요. 누가 밥을 잘 챙겨주기를 하나요? 가족이 옆에 있기를 하나요? 그의 살벌한 고생담을 담은 시가 「춘망」입니다. '봄날에 멀리 바라보며'라는 뜻을 갖고 있지만, 시를 보면 희망이 전혀 없어요. 봄은 돌아왔지만 나는 힘들다는, 자연과 대비되는 본인의 신세를 한탄한 시죠.

國破山河在(국파산하재) 도성이 깨어져 산과 강만 의구하고

城春草木深(성춘초목심) 성안에 봄이 왔으나 초목만 우거졌다

感時花濺淚(감시화천루) 시세를 느끼니 꽃을 봐도 눈물 쏟아지고

恨別鳥驚心(한별조경심) 이별을 한탄하니 새소리에도 가슴 놀란다

烽火連三月(봉화연삼월) 봉홧불이 삼월에도 이어지니

家書抵萬金(가서저만금) 집에서 온 편지는 만금의 값어치

白頭搔更短(백두소갱단) 흰머리는 긁을수록 더욱 짧아져

渾欲不勝簪(혼욕불승잠) 도무지 비녀조차 못 이길 지경이구나

_두보, 「춘망」 전문

산하고 강은 그대로예요. 그런데 인생사는 지금 파탄이 났습니다. 어려운 내 인생은 아랑곳하지 않고 봄이 또 왔네요. 초목은 우거졌지만 내 마음의 봄은 오지 않았죠. 상황이 이러니 봄이 와도 꽃을 봐도 눈물이 쏟아집니다. 가족과 강제로 이별한 상태니까요. 새 소리만 들어도 가슴이 놀랄 수밖에요. 봉화가 계속 피어 올라옵니다. 전쟁이 아직 끝나지 않았다는 신호죠. 집에서 온 편지는 만금의 값어치를 가졌지만, 편지조차 받아볼 수가 없습니다. 마지막 구절이 아주 기가 막혀요. 빈궁하고 힘든 상황이니 머리가

하얗게 셌는데, 그나마 머리숱이 빠져서 묶을 수도 없을 만큼 헐렁해졌습니다. 시 한 편에 그가 겪은 고생이 다 담겨 있죠. 고생의 아이콘 두보를 자연이 저만치서 바라보고 있습니다.

▮ 몸과 마음을 내려놓고 싶은 곳

사실 고전시가의 시인들은 자연을 시적으로 활용할 생각을 하기 전에 그냥 느꼈을 겁니다. 바로 '친애적' 자연이죠. 자연은 나를 번뇌하게 만들거나 괴롭히지 않습니다. 사람은 죽어도 자연은 죽지 않습니다. 그만큼 자연은 본질적인 것이어서 경외하죠. 인간이 변하고 감정이 변할 뿐이지 자연의 고유하고 본질적인 의미는 바뀌지 않아요. 고전시가의 시인은 자연 그대로를 그저 받아들입니다.

그래서 고전시가에는 자연에 대한 걱정이나 개입이 별로 없습니다. 물론 장마나 가뭄 같은 소재가 한탄스럽게 등장하긴 하지만 자연을 바꾸거나 비판하려고 하지 않고 거기에 몸과 감정을 의탁한다는 특징이 있어요. 이런 점을 잘 보여주는 작품이 성혼成渾의 시조 「말 없는 청산이오」입니다.

말 없는 청산이오, 태 없는 유수로다.

값 없는 청풍이오, 임자 없는 명월이라.

이 중에 병 없는 이 몸이 분별없이 늙으리라.

_성혼, 「말 없는 청산이요」 전문

산은 말이 없습니다. 흐르는 물은 형태가 없죠. 바람에는 값을 매길 수 없고, 달에는 주인이 없습니다. 그저 보는 사람 마음입니다. 행복하기 위해서는 딱 하나 마음만 필요하다고 하잖아요. 시인은 자연과 함께 자연스럽게 살고 싶다고 이야기합니다. 중요한 건 그거 하나예요. 옛날 사람들이 자연을 바라보는 전형적이고 대표적인 자세입니다. 부럽지 않나요? 저도 저렇게 살고 싶습니다. 자연스럽게 흰머리 생기면서 늙고 싶어요. 이 시조는 저의 노년에 대한 일종의 워너비입니다.

한 편 더 살펴볼까요? 신흠申欽이 쓴 「산촌에 눈이 오니」라는 시조입니다.

산촌에 눈이 오니 돌길이 묻혔구나

사립문을 열지 말아라. 누가 나를 찾겠는가

밤중에 떠 있는 한 조각 밝은 달이 나의 벗인가 하노라

산촌에 눈이 오니 세상과 통하는 유일한 길인 돌길마저 눈에 묻혔어요. 시인은 사립문을 열지 말라고 합니다. 찾아오는 사람이 없을 테니까요. 밤중에 떠 있는 한 조각 밝은 달만이 시인의 벗이 됩니다. 500년 전에 쓰인 시인데 호젓한 맛에 읽을 때마다 좋습니다.

한 3일 정도 저를 아무도 안 찾으면 좋겠다는 생각이 들 때가 있어요. 바쁘게 강의하고 일하는 것도 즐거운 일이지만 가끔은 아무도 나를 찾지 못하는 곳에서 쉬고 싶다는 생각이 들죠. 눈이 많이 와서 와이파이도 안 터지고, 길도 막히고, 이메일도 안 되는 오지 같은 곳에서 쉬고 싶은 마음을 이 시가 기가 막히게 표현한 것 같습니다. 이분도 저처럼 바빴는지, 안 바빴는지는 모르겠습니다. 하지만 마음을 편안하게 해주는 자연만이 내 친구라고 시인은 얘기하고 있습니다. "전화기는 잠시 꺼놓으셔도 됩니다"라고 했던 CF를 보는 것 같지 않나요? 바쁜 현대인이라면 한 번쯤 꿈꾸는 풍경입니다.

▌ 변화의 시대에도 변하지 않는 것

변하지 않는 인간의 마음을 담은 고전시가를 여러 편 살펴봤습니다. 슬픔, 사랑, 자연이라는 세 가지 주제로 정리했지만, 사실은 이 것 말고도 주제가 많아요. '못 살겠다, 죽겠다, 힘들다'부터 '님이 너무나 원망스럽다, 밉다'는 이야기도 있고, 심지어 '열심히 일하자'는 주제도 있습니다. 2천 년 된 시를 세 가지 주제로 다 담을 수 가 없는 게 당연하죠. 고전시가는 이래서 좋아요. 데이터베이스가 엄청나게 많아서 골라 읽는 재미가 있거든요.

이 중에 어떤 시 한 편 정도는 여러분의 마음을 대변하는 게 있을 겁니다. 여러분 마음을 위로하는 게 분명 있을 거예요. 그 사람도 슬펐고, 오래 슬펐고, 지금 나도 슬플 때가 있습니다. 슬픔의 계보를 찾아보는 건 우리 슬픔에 도움이 됩니다. 그때도 사랑했고, 많은 사람이 사랑했고, 나도 지금 사랑에 빠졌습니다. 우리는 때로 사랑의 축복, 사랑의 이유를 찾곤 합니다. 그럴 때 고전시가로 오세요. 여긴 사랑에 빠진 사람들이 아주 많거든요.

요즘은 세상이 너무 빨리 바뀝니다. 너무 정신없이 바쁘다고 해도 우리가 사람이고, 유기체고, 포유류라는 사실을 잊으면 안 됩니다. 기술 문명이 바뀌는 대로 우리 뇌 구조가 그렇게 빨리 진화할 수는 없어요. 우리는 로봇이 아니고, 기계도 아니죠. 우리는 피와 살로 된 사람입니다. 감정이 있고 쉬어야 하는 사람이죠.

우리에게는 빨리 진화하려는 조급증이 있는 것 같아요. 저는 인간의 진화 속도가 아주 느린 것도, 그 느린 시간 속에서도 고전 시가가 오래 살아남는 것도 다 이유가 있다고 생각합니다. 세상이 바뀐다고 해서 기술이 빨리 바뀐다고 해서 무조건 따라야 하는 건 아닙니다. 오래 살아남는 것에는 항상 이유가 있습니다. 우리 안에 진화를 거부하는, 진화가 되지 않은 어떤 이유를 고전시가에서 찾아보는 것은 어떨까요.

5강

동화,
착하고 순한
위로

5강을 시작하며

나의 두 번째 교과서

동화는 동심을 기초로 지은 이야기를 말합니다. 그래서 어린이만을 위한 이야기라고 생각하는 분들이 많죠. 그런데 어른을 위한 동화는 없을까요? 동화는 꼭 어린이만 읽어야 할까요? 결론부터 말하면 저는 할머니가 되어서도 동화를 읽을 겁니다. 그래서 이번 5강에서는 어린이는 물론 어른이 읽어도 충분히 좋은 동화를 소개해 드리고자 합니다.

'어린이'라는 말을 들으면 자동으로 연상되는 이름이 있습니다. 소파 방정환입니다. 그는 1923년 한국 최초로 『어린이』라는 순수 아동 잡지를 내고 어린이날을 만드셨죠. 바로 이 잡지에 우리나라 최초의 창작 동화가 실렸습니다. 바로 마해송 작가의 「바위나리와 아기별」이라는 작품입니다. 이때부터 시작된 한국 창작 동화의 세계가 이주홍, 이원수, 고한승 작가 등으로 이어지며 오늘날까지 계승되어 왔습니다.

우리나라 출판계에서 동화 시장은 큽니다. 그런데 외국 작가들의 작품에 집중되는 경향이 있는 것 같아요. '칼데콧 수상작'이나 전 세계 몇 개국에 번역되었다는 말은 홍보 효과가 크죠. 해외 번역본에도 좋은 작품이 많지만, 우리나라에 1920년대부터 어린이를 위한 순수 아동 잡지가 있었고, 좋은 동화가 많으며, 지금도 열심히 쓰고 있는 우리 동화 작가님들이 많다는 것을 기억해 주시면 좋겠습니다.

1920년도에 시작된 우리 동화의 계보가 1960년대에는 청소년 문고로 그 연령대가 확장됩니다. 신지식 작가의『하얀 길』이라는 소설은 사춘기 소녀들의 감성을 잘 표현한 작품입니다. 1960년대에 중·고등학교를 다니신 분들은 대부분 이 소설을 읽으셨다고 해요. 당시 대유행이었답니다. 저는 잘 몰랐던 작품인데, 나의 윗세대가 이런 책을 읽었다고 들으면 조금 이상하고 신기한 기분이 들어요. 아버지의 어린 시절을 이해하기 위해 저 소설을 읽어볼까 싶은 마음도 듭니다. 다음 세대가 이전 세대와 동화로 연결된다는 것은 정말 멋진 일이니까요.

　　제가 첫째를 낳고 뽀로로를 한 5년을 본 것 같아요. 우리 아이는 뽀로로의 이름이 뽀로로라는 것을 알기 전부터 뽀로로를 좋아하더라고요. '뽀통령'이라는 말이 괜히 생긴 게 아닌 거죠. 아이랑 같이 에디 성대모사도 하고, 루피의 잔망스러움도 따라 하고, '크롱크롱' 하면서 5년을 보냈습니다. 첫째 아이가 자라면서 다른 데로 관심이 가길래 이제 뽀로로는 졸업했구나 싶었는데 둘째를 낳게 되었죠. 저는 다시 뽀로로의 세계로 들어갔습니다. 뽀로로 뮤지컬만 다섯 번 이상 본 것 같아요. 저는 거의 10년 동안 에디 성대모사를 했고요. 두 아이는 이미 뽀로로를 졸업한 지 오래됐지만 저는 여전히 뽀로로, 에디, 루피, 크롱을 좋아하고 있습니다. 10년 전에는 안 좋아했는데 지금은 지나다가 루피만 봐도 반가워요.

　　이처럼 동화는 어린이들만의 것이 아닙니다. 동화가 어떤 계기로 우리 인생에 들어오든, 아이들만 보는 유치한 것이라고 생각하지 않았으면 합니다. 아이들만의 전유물이 아니라 아이들도 어른들도 같이 읽기에 참 좋은 텍스트니까요. 어른이 된 우리도 얼마든지 동화를 즐기고, 감동 받고, 새로운 동화를 발견하는 기쁨을 누릴 수 있습니다.

19

동화를
만나는 순간

▮ 우리는 여전히 동화를 읽는다

얼마 전에 모 방송국에서 작가님과 사전 미팅을 했는데 작가님께서 동화 독서가 너무 좋다는 거예요. 최근에 읽은 동화를 말씀해 주셨는데 저도 너무나 좋아하는 작품이었습니다. 궁금해서 물어봤죠.

"어떻게 동화를 읽게 되셨어요?"

"사적으로 독서 모임을 하는데 거기서 함께 동화를 읽고 있어요. 3개월 됐어요."

그야말로 주옥같은 리스트가 줄줄 쏟아졌습니다. 우리는 신이

나서 동화책 이야기를 했고 시간 가는 줄 몰랐죠.

　동화의 장점은 너무나 많습니다. 우선 읽기가 쉽죠. 어려운 이야기라도 쉽게 쓰여 있어요. 하지만 주제는 결코 가볍지 않습니다. 주제가 어렵고 고차원적이라는 게 아니라 굉장히 중요한 주제들을 다루고 있다는 말입니다. 어린 시절 친구에게 가졌던 순수한 마음, 맑은 마음, 진정성 있는 행동, 따뜻한 인간의 모습 등 동화는 우리의 중요한 가치를 다룹니다. 동화의 세계를 알고 아이들의 천진한 모습을 보면 인간이란 존재는 성악설이 아니라 성선설이 맞다는 생각이 들어요.

　우리는 누구나 어린 시절을 겪었잖아요. 아이가 어른이 된다는 건 아이의 본체를 완전히 폐기하는 게 아닙니다. 어른인 우리 안에 아이가 들어 있고, 그 위에 뭔가 켜켜이 쌓여서 어른이 되는 거예요. 나의 과거, 내 안의 아이를 돌아보게 하는 중요한 텍스트가 동화인 것이죠.

　'어린이'를 이야기할 때 가장 많이 언급되는 시인은 윌리엄 워즈워스William Wordsworth입니다. 워즈워스의 「무지개」라는 시를 보면 '어린이는 어른의 아버지'라는 구절이 있어요. 시인은 무지개를 바라보면 가슴이 뛴다고 합니다. 어린 시절에도 그랬고 어른이 된 지금도 그렇죠. 늙어서도 변함이 없을 거래요. 내 안에 어린이가 있는데, 내 어린이가 바로 나의 본질이기 때문이죠.

　우리는 마음속에 있는 어린이를 동화를 통해 불러올 수 있습니다. 어린이들은 알지만 어른들은 잊어버린 가치를 동화를 통해 회복할 수 있습니다. 눈에 보이지 않지만 소중한 어떤 가치들, 인간스러움의 회복을 동화를 통해 시도해 보는 거죠.

아이들은 어른을 보고 배운다지만 아이들이 말과 행동이 가장 옳은 것이어서 오히려 어른들을 부끄럽게 만들 때가 있어요. 그런 점에서 동화는 어린이의 본질로 돌아가서 우리 사회의 잃어버린 가치를 회복하게 해주는 책입니다. 아이들이 소중한 가치를 잃었을까요, 어른들이 소중한 가치를 잃었을까요? 저는 어른들인 것 같아요. 그래서 오히려 어른들이 동화를 많이 읽어야 한다고 생각합니다.

문해력을 키우는 데도 동화책이 좋습니다. 요즘 문해력이 떨어진다는 우려를 많이 하는데요, 읽기 능력이 심각하다고 지적하기 전에 문해력을 어떻게 높일 것인지 방법을 찾아야죠. 문해력은 책을 읽으면 좋아집니다. 독서 인구가 줄었다고 나라에서 걱정하는데 책 읽기는 중요한 일이 맞습니다. 저는 웅변조로 '이 연사 강력하게 부르짖고' 싶어요. 문해력 이슈와 독서 인구 감소 문제를 극복할 수 있는 좋은 통로는 우선 동화 읽기에 있다고요. 동화는 쉽고 재미있습니다. 주제도 좋죠. 그러니 동화부터 읽읍시다.

▎동화의 매력

동화책을 그림 많고 글자는 몇 자 없는 그런 책으로만 생각하면 오해입니다. 요즘은 200페이지 넘어가는 동화책도 있어요. 어른을 위한 동화, 청소년을 위한 동화도 있죠. 어른들이 읽기에도 좋은 동시집이 있고 청소년 시집도 있는 걸요. 어린이, 청소년이라는 수식어가 붙는다고 해서 반드시 그들만 보라는 뜻은 아닙니다. 동화는 옷과 달라서 부모가 아이 교복을 입으면 어색하겠지만, 아이가 읽는 동화를 부모도 함께 읽고 즐기는 것은 전혀 어색하지 않습니다. 같이 읽고 이야기를 나눌 수 있으니 오히려 더 좋아요.

혹시 이미륵 작가를 아시나요? 제가 중학생일 때부터 아버지가 읽어보라고 한 작가님인데요, 처음엔 크게 흥미를 느끼지 못했어요. 아버지와 저 사이에 이런 대화가 자주 오갔죠.

"이미륵 한번 읽어볼 생각 없니?"

"없어요."

아버지는 포기할 법도 한데 며칠 후에 또 꺼내시는 거예요.

"이미륵 참 좋은데 읽어볼래?"

"아, 됐어요."

그러다 또 며칠 후에 슬그머니 꺼내십니다.

"그런데 말이야, 이미륵 정말 좋아. 한번 읽어봐라."

아버지도 아버지지만 저도 한 고집했거든요. 끝끝내 안 읽었죠. 그러다 19세에 고향집을 떠나 서울로 대학을 오면서 아버지가 "이거 이미륵 소설에 나오는 구절이야. 이 구절을 너한테 주고 싶어"라고 하셨습니다. 그게 무슨 구절이냐면, '너는 나에게 아주 큰 기쁨을 주었다. 그러니 얘야 이제 니 갈 길을 가거라'라는 내용이었죠. 그렇게 아버지가 읽으라고 할 때는 읽고 싶지 않더니, 서울에 와서 생각이 나더라고요. 이렇게 멋진 구절이 있는 책이라면 한번 읽어봐야겠다는 생각이 들었습니다. 도대체 무슨 소설이었냐고요? 지금은 초등학교 국어 교과서에도 수록되어 있는 『압록강은 흐른다』예요.

나중에야 안 사실인데 이미륵은 작가의 본명이 아닙니다. 이미륵 작가의 어머니가 딸을 둘 낳았는데 아들을 낳고 싶어서 미륵불에게 아들 하나만 점지해 달라고 빌었대요. 그렇게 얻게 된 막내아들이 얼마나 귀했는지 미륵이라고 아명을 붙인 거죠. 본명은 이의경입니다.

이미륵 작가는 1899년도에 황해도 해주에서 태어났는데 1919년 3·1운동에 가담했다가 쫓기는 신세가 됐습니다. 경찰에 끌려가면 고문을 당해 죽을 수도 있었죠. 그러자 어머니가 "너는 살아야 한다"라고 하며 이미륵 작가를 망명 보냈습니다. 미륵이라는 귀한 이름을 붙여서 애지중지 키운 아들을 보내면서 어머니가 이렇게 말합니다.

"너는 나한테 기쁨이었어. 이제 너는 네 갈 길을 가라."

그는 평생 어머니를 그리워했지만 결국 죽는 순간까지 만나지 못했고 1950년에 세상을 떠났습니다.

이미륵 작가는 뮌헨 대학교에서 공부를 하고 강의를 하면서 자전 소설을 썼습니다. 『압록강은 흐른다』는 독일어로 쓴 소설인데, 발표되었을 때 독일 사람들이 깜짝 놀랐대요. 수많은 작가와 명사들이 대단한 작품이라고 찬사를 보냈는데 그중에는 『낙원에서 죽다』의 작가 슈테판 안드레스Stefan Andres도 있었죠. 그는 이미륵에게 보내는 편지에 이렇게 썼답니다.

"당신의 작품에 아이들이나 어른들 모두가 똑같이 매료되었습니다."

이처럼 잘 쓴 동화는 아이와 어른이 똑같이 즐길 수 있습니다. 아이가 어른이 된다는 건 아이의 본체를 완전히 폐기한다는 뜻이 아닙니다. 사람은 내 안의 아이를 간직한 채로 어른이 됩니다. 모든 어른 안에는 아이가 있죠. 이때 동화는 내 안의 아이를 돌아보게 해줍니다.

▌어떤 동화를 읽으면 좋을까?

제가 사심을 가득 담아 소개하고 싶은 동화 작가들이 많은데 그중에서도 꼭 소개하고 싶은 작가는 셸 실버스타인Shel Silverstein입니다.

이름은 낯설게 느껴져도 그의 저서 『아낌없이 주는 나무』(시공주니어, 2000)는 아실 거예요. 표지엔 튼튼한 나무가 한 그루 있고, 그 나무 밑에 소년이 있죠. 이 책은 1964년에 출간되었습니다. 반세기가 넘었는데도 저는 읽을 때마다 감동을 받아요.

처음 읽었을 땐 나무가 호구인가, 바보 같아서 답답했어요. 속으로 이렇게 생각했죠. '정신 좀 차려. 그렇게 다 주기만 하면 어떡해?' 나무가 안타까운 반면 소년은 얼마나 얄밉던지요. 소년은 어린 시절 나무랑 같이 놉니다. 나무는 그늘과 가지를 내주고, 소년은 나무에 열린 과일을 따서 먹고 심지어 가져다 팔기도 합니다. 나중에는 나무 몸통까지 베잖아요! 그래도 나무는 소년을 계속 기다립니다. 자기 필요할 때만 돌아오는 소년에게 아낌없는 사랑을 줍니다. 그런데도 나무는 그저 행복했다니, 복장이 터지더라고요.

그러다 아이를 낳고 키우면서 이 동화책을 다시 읽었는데, 이건 엄마의 이야기더군요. 아이한테 다 내주고 '그저 행복하기만 했습니다'라는 것은 부모의 마음이죠. 그런데 생물학적인 엄마, 나를 키워준 엄마만 엄마인가요? 살다 보면 우리를 도와주는 사람들, 우리를 따뜻하게 맞아주는 사람들한테서도 엄마의 마음 조각을 찾을 수 있습니다. 그 마음은 자녀와 엄마의 관계가 아니어도 느낄수가 있잖아요. 그런 따뜻한 보살핌, 기뻐하는 마음, 자발적 희생 같은 것이 이 책에 있다는 생각이 들었습니다. 저는 이 책이 앞으로도 계속 읽혔으면 좋겠습니다. 아이하고 읽어도 좋고, 혼자 읽어도 좋죠. 나를 구원하고 싶을 때, 내가 쓸쓸할 때 읽어도 좋아요.

실버스타인은 글도 잘 쓰고 그림도 잘 그린 작가예요. 저는 이렇게 글과 그림을 다 잘하는 작가를 편애합니다. 글을 쓴 사람이 그림까지 잘 그리면 훨씬 의미가 잘 살아나거든요.

요시타케 신스케의 『이게 정말 사과일까?』라는 작품을 보면 이 사람 특유의 명랑함과 엉뚱함이 그림에 보여요. 『그 녀석 맛있겠다』 시리즈를 쓴 미야니시 타츠야 역시 글과 그림이 동시에 가능한 작가이기에 이야기의 따뜻함과 어떤 뭉툭한 느낌이 그림에 그대로 나타납니다.

일본에만 이런 작가들이 있는 건 아닙니다. 세상에 좋은 작가가 얼마나 많은데요. 우리나라에도 정말 엄청난 작가들이 있습니다. 안녕달 작가의 작품을 보면 따뜻하고 온기 넘치는 그림과 글이 무척 잘 어울립니다. 백희나 작가는 실사 인형을 만들고, 그것을 사진으로 찍은 이미지로 이야기를 전개하는데, 이런 요소가 더 매력적인 세계관을 보여주는 것 같아요. 영국의 앤서니 브라운 Anthony Edward Tudor Browne과 존 버닝햄John Burningham도 빼놓을 수 없죠. 이렇게 글과 그림을 같이 작업하시는 작가들을 말씀드린 건 여러 그림을 보고 마음에 드는 작품을 선택해 보라는 의미입니다. 그림에서 느꼈던 느낌을 글에서도 느낄 수 있을 겁니다.

20

우리나라의
동화 작가 이야기

▎사랑과 평화를 삶에서 실천한 권정생

우리나라 동화 작가들 중에 누구를 가장 먼저 소개해 드릴까 정말 고민을 많이 했어요. 그런데 아무리 생각해도 첫 번째로 언급되어야만 하는 분이 있습니다. 바로 권정생 작가입니다. 『강아지 똥』, 『황소 아저씨』, 『길 아저씨 손 아저씨』, 『사과나무밭 달님』, 『몽실 언니』 등 좋은 작품이 정말 많아요. 『강아지 똥』은 아주 짧은 동화 지만, 요즘 다시 읽기 붐이 있다고 해요. 이런 유행은 우리도 같이 해볼 만한 유행입니다.

　권정생 작가는 1930년대 도쿄에서 태어났는데 부모님은 가난한 노동자였습니다. 해방 후 귀국한 권정생 작가는 생존을 위해 여러 가지 일을 하던 중 결핵에 걸리고 맙니다. 당시 결핵은 아주 무서운 병이었어요. 지금은 주변에 거의 없고 완치율도 높지만 예전에 결핵에 걸렸다는 건 죽을 병에 걸렸다는 말과 같았죠. 소설 『날개』와 시 『오감도』의 작가 이상도, 『동백꽃』의 작가 김유정도 결핵으로 죽었습니다. 결핵은 엄청난 양의 약과 아주 좋은 양질의 음식, 그리고 충분한 휴식이 있어야 나을까 말까 했던 병이었습니다. 약도 구하기 어렵고 밥도 구하기 어려웠던 당시 사람들에게 결핵은 참으로 무서운 병이었죠.

권정생은 어린이와 같은 눈으로, 어린이를 위해서, 어린이의 마음을 동화로 썼습니다. 하지만 평생 가난하게 살았어요. 결핵 때문에 몸도 아팠고요. 부모님 두 분이 일찍 돌아가셨고 떠돌아다니며 고생도 많이 했습니다. 나중에는 한 교회의 종지기로 남은 인생을 살게 됩니다. 살고 있던 집이 너무 허름하고 행색도 초라해서 마을 사람들은 그분이 유명한 작가인지 몰랐다고 해요.

그의 일생은 고난으로 가득차 있었지만 세상을 원망하는 마음은 없었습니다. 오히려 아이들이 이렇게 예쁘니, 아이들 같은 마음으로, 아이들을 위해 좋은 세상을 만들어야 한다고 말씀하셨죠. 그래서 우리가 그분의 작품을 읽을 때 더 감동받는 것 같아요.

권정생 작가의 작품 세계를 요약하면 '사랑과 평화'입니다. 작가 본인이 꿈꾸던 세상이었죠. 하지만 그가 말하는 평화는 태초부터 주어진 평화가 아니에요. 평화가 올 수 없는 힘든 상황인데 평화를 되찾아오는 힘이 있어서 평화로운 거예요. 세상에 이런 히어로가 어디 있을까요? 이분의 사진을 보면 가만히 웃고만 있습니다. 이런 분이 진짜 영웅이 아닐까요?

그의 작품 대부분에는 잘난 사람이 아니라 모자란 사람이 등장합니다. 버려지고 천대받고 놀림받고 '너는 쓸모없어' 이런 소리를 듣는 사람이죠. 그런데 그는 내면에 단단한 심지를 가지고 자기 가치를 스스로 회복해요. 혹은 그 사람을 일으켜 세워서 '너한텐 이런 가치가 있어'라고 가치를 돌려주는 과정이 등장합니다. 아무것도 없는 황량한 들판에 한 송이 작은 꽃이 피어나는 것 같은 느낌이라고 할까요? 『강아지 똥』을 보면 조그마한 강아지가 길바닥에 작은 똥을 눕니다. 그래서 강아지똥이 태어났어요. 가만히 보니까 옆에 있던 흙덩이는 농부가 귀하다고 주워가요. 그런데 강아지똥은 거름으로도 쓸모가 없는지 아무도 가져가지 않아요. 세상은 놀리기만 하죠.

"너는 똥이야. 똥 중에서도 가장 더러운 개똥이야."

이 말을 듣고 강아지 똥은 울음을 터뜨립니다.

"으앙! 난 더러운 똥이지만 어떻게 착하게 살 수 있을까? 아무짝에도 쓸모없을 텐데."

세상에 이런 착한 강아지똥이 어딨어요? 그때 민들레가 강아지똥에게 말을 건넵니다.

"나는 너한테 도움을 받고 싶어."

그러니까 강아지똥이 너무 좋은 거예요.

"나도, 나도 쓸모가 될 수 있어. 너한테 도움이 될 수 있어."

"응. 네가 거름이 되어주면 내가 꽃을 피울 수 있거든. 네 몸뚱이를 고스란히 녹여 내 몸속으로 들어와야 돼. 그러면 별처럼 고운 꽃이 핀단다."

사실 무섭잖아요. 몸뚱이를 녹이라니요. 그런데 강아지똥은 행복해요. 마지막에 강아지똥은 민들레 싹을 껴안습니다. 그리고 민들레가 꽃이 피어나죠. 그 안에 뭐가 들어 있을까요? 바로 사랑이 들어 있습니다. 권정생 작가의 『황소 아저씨』, 『길 아저씨 손 아저씨』도 가슴 뭉클한 이야기니 꼭 한 번 읽어보시기 바랍니다.

▌시린 마음에 목도리를 둘러주는 안녕달

제가 신간 알림을 해놓을 만큼 좋아하는 작가들이 있습니다. 그중 한 분이 안녕달 작가예요. 안녕달 작가의 『안녕』이라는 작품을 한번 읽어보세요. 이름이 안녕달이잖아요. 그런데 이름의 일부를 책 제목으로 삼았어요. 작가의 인생 작품이라는 사인이 아닐까요? 광활한 우주 속 소시지 할아버지와 강아지 이야기인데 그림만 봐도 눈물을 펑펑 쏟게 됩니다.

『눈아이』도 참 좋습니다. 아이가 눈사람을 만들었어요. 서로 친구가 되죠. 그런데 해가 나고 날이 따뜻해지면서 눈아이가 점점 녹아요. 아시죠? 눈사람은 처음 만들었을 때가 제일 예쁘다는 것을요. 시간이 지나면 눈사람은 더러워집니다. 동화 속 눈아이도 자꾸 더러워지고 점점 작아집니다. 눈아이가 물어봐요.

"내가 더러운 물이 되어도 우리는 친구야?"

이 말은 '나 이렇게 더러운데 계속 내 손을 잡아줄 거야? 그럴 수 있어?'의 의미입니다. 아이는 눈아이의 손을 잡아줍니다. 안녕달이라는 작가의 정체성을 잘 보여주는 작품이라고 생각해요. 한마디로 표현하면 마음에 둘러준, 직접 뜬 목도리 같은 작품이 안녕달 작가의 동화입니다. 그림만 많다고, 쉬운 그림책이라고 생각하지 마시고 한번 읽어보세요. 읽을 때마다 가슴 찡함이 느껴집니다.

▌추운 겨울에 만나는 손난로의 온기, 정채봉

권정생과 안녕달 작가의 동화는 아이들이 읽기에도 좋고, 어른들이 읽기에도 좋습니다. 그런데 본격적으로 어른을 위한 동화를 개척한 분이 있어요. 바로 정채봉 작가입니다. 그의 작품「오세암」을 여기서 간략하게 소개하려 합니다. '오세암'은 5살 아이가 부처가 된 암자라는 뜻이에요. 저는 엊그제도 읽었는데 여전히 좋더라고요.

정채봉 작가의 소설에는 종종 '엄마가 너무 좋고 필요한 소년'이 등장합니다. 세상이 우리를 좀 핍박할 때가 있잖아요. 대기의 압력이 인간을 누르고 있다는데 여기에 무언가 더해져 우리를 찌부러뜨릴 때가 있습니다. 그럴 때 저는 엄마가 보고 싶습니다. 힘들 때 부를 이름을 다 모은다면 '엄마'가 될 겁니다. 「오세암」에도 엄마를 그리워하는 5살 아이가 나옵니다. 아이에게는 엄마가 없습니다. 절간에서 스님이 아이를 키우고 있죠. 아이는 불상 앞으로 가서 "예쁘게 생기셨고 착하게 생기셨는데 제 엄마가 돼 주시면 안 되겠어요?" 하고 물어요. 불상은 말이 없습니다. 그래도 또 불상에 가서 "엄마라고 불러도 돼요?"라고 하는 거예요.

그러던 중 한 달 이상 지속된 폭설로 아이가 혼자 암자에 고립되는 일이 생깁니다. 뒤늦게 아이를 찾으러 어른들이 왔을 때 아이는 비참한 모습이 아니라 깨끗하고 말간 모습으로, 누군가 아이를 돌봐준 것 같은 모습으로 누워 있습니다. 부처님이 아이를 돌봐주시다가 데려가신 걸까요. 마지막에 부처님이 등장해서 이런 이야기를 합니다.

"과연 이 어린아이보다 진실한 사람이 어디에 있겠느냐. 이 아이는 이제 부처님이 되었다."

이렇듯 아프고 서럽고 어머니도 없고, 없는 어머니가 너무 그리운 어린 소년이 정채봉 작가의 소설에 등장합니다.

우리는 그 소년을 안아주고 싶어집니다. 짠한 마음이 들고 돌봐주고 싶어요. 그래서 정채봉 작가의 소설을 읽으면 좋은 어른이 되고 싶어집니다. 좋은 세상을 만들고 어린 세대들한테 좀 더 잘하고 싶어집니다. 이렇게 쌀쌀한 세상을 살다가도 정채봉 작가의 소설같이 따뜻한 소설을 만나면 인간적인 인간이 되고 싶거든요. 그래서 저는 생각합니다. 저분의 소설은 추운 겨울에 만나는 손난로처럼 따뜻하다고요.

21

동화의
세 가지 주제

▌ 너를 만나 다시 희망이 생겼어

동화는 수많은 주제를 다루지만 저는 크게 세 가지에 주목하고 싶습니다. 첫 번째는 '우정'입니다. 솔직히 나이가 들수록 가족보다 친구가 좀 더 좋을 때가 있어요. 친구를 만나면 속이 트이는 것 같죠. 나이가 들어갈수록 돈과 친구가 필요하다는 말을 실감하기도 합니다. 그런데 동화 속 우정은 제가 말하는 것보다 더 깨끗하고 풋풋한 우정인 것 같아요.

언젠가 초등학교 5학년이 된 아들이 저에게 책 한 권을 사달라고 했어요. "엄마, 학교에서 누가 빌려줘서 읽었는데 너무너무 재

있었어. 이거 사줘." 책을 사서 아들에게 전달해 주기 전에 제가 한 번 읽었는데 어머나 세상에! 너무 좋은 거예요. 책을 읽으면서 끅 끅 울고 있었더니 아들이 와서 또 운다고 구박을 했습니다.

저를 엄청나게 울린 작품은 바로 루리 작가의 『긴긴밤』(문학동네, 2021)입니다. 『긴긴밤』에는 커다란 절망에 빠진 코뿔소 한 마리가 나옵니다. 코뿔소의 아내는 밀렵꾼한테 죽었고, 예쁜 딸도 밀렵꾼한테 죽었어요. 혼자 살아 남았지만 살고 싶지가 않아요. 그런데 어쩌다가 생긴 아기 펭귄을 키워가면서, 내가 없으면 아기가 죽을 텐데, 잘 키워주고 싶다는 생각을 점점 하게 됩니다. 어린 펭귄은 코뿔소의 보호를 받지만 한편으로는 코뿔소의 좋은 친구가 되어줍니다. 이 책에서 코뿔소는 항상 친구를 만나 구원을 받아요. 친구로 만난 아내를 사랑하게 되었고, 친구로 만난 다른 코뿔소 덕분에 다시 희망을 품게 되었고, 펭귄 친구들을 만나서 살아갈 이유를 찾게 되죠. 우리는 긴긴밤을 건너듯 이번 생을 건너고 있고 중간중간 좋은 친구들의 은총을 입는구나, 이 책은 그런 희망과 감동을 전달해 줍니다.

제가 우정이 등장하는 동화를 좋아하나 봐요. 제가 좋아하는 사라 페니패커Sara Pennypacker의 『팍스』(아르테, 2017) 역시 우정에 대한 이야기입니다. 사람과 사람, 동물과 동물의 우정이 아니라 사람과 동물의 우정을 다루고 있어요. 한 여우가 자기를 키워준 소년을 찾아가고 소년은 자신의 여우를 찾아갑니다. 하지만 두 사람을 전쟁이 갈라놓죠. 전쟁이라는 무시무시하고 흉폭한 사건이 터졌지만 여우는 소년을 사랑하고 소년은 여우를 사랑하는 이야기입니다.

이 책을 읽으면서 생텍쥐페리의 『어린 왕자』에 나오는 여우와 어린 왕자가 생각났습니다. 그 둘은 너무 짧게 만났다 헤어졌잖아요. 다시 환생을 해서 만났다면 『팍스』 속의 여우와 소년일 것 같다는 생각이 들었어요. 생텍쥐페리를 사랑하는 분들이라면 이 동화도 마음에 드실 겁니다.

▌ 마지막 거인이 남긴 말

두 번째 주제는 '자연'입니다. 프랑수와 플라스Francois Place의 『마지막 거인』(디자인하우스, 2002)은 주제가 묵직해서 아이가 읽기에는 적합하지 않을 수 있습니다. 오히려 어른이 읽어야 할 동화예요. 한 지리학자가 미지의 장소를 탐험하다가 아주 거대하고 아름다운 거인들을 만납니다. 거인들을 만나고 돌아온 그는 자신의 놀라운 경험을 책으로 쓰고 곧 베스트셀러가 되죠. 그리고 그는 다시 거인들을 만나러 갑니다. 도착하자 끔찍한 장면이 눈앞에 펼쳐집니다. 다른 사람들이 거인이 있는 곳을 찾아내어 학살한 모습이었죠. 충격에 휩싸인 그에게 멀리서 거인의 목소리가 들려옵니다.

"침묵을 지킬 수는 없었니?"

이 거인은 태초의 어떤 존재, 거대한 자연을 상징합니다. 아마존 밀림일 수도 있고, 자연 속에서 살아가는 부족들, 멸종한 동물들일 수도 있죠. 유발 하라리의 『사피엔스』에는 인간이 도착하는 대륙마다 거대한 포유류들을 멸종시키면서 여기까지 왔다는 내용이 있습니다. "너도 포유류인데 네가 가는 대륙마다 거대한 포유류가 사라졌어. 다음 순서는 네가 아니라고 어떻게 말할 수 있니? 너도 포유류야. 너도 멸종될 수 있어. 그걸 기억해"라는 거죠.

우리는 가는 곳마다 집을 짓고, 길을 닦고, 공장을 세우느라 너무 많은 나무를 잘랐습니다. 너무 많은 바다를 메워버렸고 너무 많은 호수를 잃었어요. 거대한 자연, 태초의 존재들이 바로 거인의 다른 이름입니다. 거인이 하나둘 사라지다가 마지막 거인조차 남지 않았다는 슬픈 이야기를 읽으면 인간과 문명을 돌아보게 됩니다. 우리는 거인을 지킬 수 없었을까요.

▌네가 있어서 내가 있을 수 있다

세 번째 주제는 '생명'입니다. 동화의 주특기라고 할 수 있을 만큼 중요한 주제죠. 동화를 보면 살아 있고, 지금 막 태어났고, 뽀송뽀송 너무 예쁘고, 봄빛처럼 파릇파릇한 생명들이 굉장히 많이 등장해요. 그런데 그 생명이 나타나서 "짜잔! 난 생명이야. 예쁘지?" 하는 게 아니라 그 생명을 지키고 키우기 위해 노력하는 누군가의 이야기가 주로 등장합니다.

황선미 작가의 『마당을 나온 암탉』(사계절, 2000)에는 평생 닭장에서 알만 낳던 암탉이 나옵니다. 병아리의 탄생을 보는 게 암탉의 소원이었지만 결국 이루지 못했고, 알을 낳지 못하게 되자 닭장에서 끄집어내졌죠. 그러던 중 암탉은 엄마를 잃은 천둥오리의 보호자가 되며 비로소 엄마가 됩니다. 엄마가 되고 아이를 지키고 살리는 '생명 키움의 이야기'죠.

루이스 세풀베다Luis Sepúlveda의 『갈매기에게 나는 법을 가르쳐준 고양이』(바다출판사, 2021)도 비슷한 이야기입니다. 이 작품의 소개에는 '8세부터 88세까지 읽는 동화'라고 쓰여져 있어요. 제목이 재미있죠? 고양이는 갈매기알을 먹는데, 어떻게 갈매기를 가르칠 수 있겠어요? 먹어 치울 수도 있지만 고양이는 애써 갈매기를 키웁니다. 여기에는 '나는 너를 살릴래, 너를 살리면서 나도 살래' 하는 의미가 들어 있어요.

권정생 작가의 『엄마 까투리』(낮은산, 2008)도 살리는 이야기입니다. 어느 날 숲에 불이 났어요. 엄마 까투리는 발이 빠르니까 도망가면 살 수 있습니다. 그런데 엄마 까투리는 도망가기는커녕 불 속에서 새끼들을 꼭 품고 엎어지는 거예요. 불길이 다 지나간 다음에 사람들이 발견했는데 엄마 까투리는 새카맣게 탔고, 엄마

품에 있던 아기 까투리들은 옹기종기 살아 있더래요.

생명을 주제로 하는 동화는 현대를 살아가는 어른들에게 위로가 되고 힘이 됩니다. 적어도 저에게는 그랬습니다. 가끔씩 사는 게 삶이 아니라 생존이라는 생각을 하게 되거든요. 경쟁이 일상화돼 있으니까 내가 살아남는 게 무엇보다 중요해진 거죠. 그런데 인간은 원래 같이 사는 존재이지 이기고 홀로 살아남는 존재가 아닙니다. 하지만 불행히도 삶을 생존이라고 해석하는 게 요즘 사회입니다. 이런 현대의 문법에 아주 예쁜 말과 아름다운 스토리로 맞서는 작품들이 바로 생명의 동화예요.

"내가 살기 위해서는 너를 죽여선 안 돼. 너를 살리는 게 나를 진짜 살아있게 해."

이런 이야기죠. 제 아들이 어릴 때 저는 항상 이런 말을 했습니다. 아이가 신발을 신고 나갈 때 "무사히 잘 돌아와줘. 다치지 말고 안전하게 엄마한테 다시 돌아와줘. 그게 엄마한테는 아주 중요한 일이야"라고 말이죠. 함께 무사히 살아간다는 건 참 중요한 일입니다. 나의 생존은 너의 생존을 전제로 한다는 건 저만 생각하는 게 아니라 수많은 동화에서도 느낄 수 있습니다. 그래서 저는 나이를 아무리 많이 먹어도 계속해서 동화를 읽을 거예요.

동화는 사람이 태어나서 제일 처음 읽는 이야기입니다. 그런데 가장 마지막의 단계는 가장 처음의 단계와 이어져 있기도 합니다. 사람이란 처음에 누군가의 보살핌을 받는 아기로 태어나고, 끝에서 다시 누군가의 보살핌을 받는 늙은 아기가 되거든요. 어린 아기부터 늙은 아기까지 모두 동화를 즐겁게 읽을 수 있습니다.

이렇게 전 구간에 같이 할 수 있는 이야기가 좋은 이야기입니다. 가장 처음이 가장 끝과 연결되어 있으니 가장 단순한 단계가 가장 높은 단계일 수 있습니다. 가장 맑은 동화가 가장 높은 경지는 아닐까 하는 생각도 동화를 보면서 하게 됩니다.

아이들을 키우면서 동화책을 읽어주던 시간은 아이에게 양분이 되었지만, 제게도 굉장히 좋은 시간이었습니다. 저를 위로해 주고 구해 주고 다독여준 게 바로 동화였어요. 저는 지금 동화 덕후입니다. 여러분도 동화 읽는 시간의 즐거움을 누려보셨으면 좋겠습니다.

나의 두 번째 교과서
✕
나민애의 다시 만난 국어

듣기,
치유의
시작

6강을 시작하며

저는 이 수업이 '잃어버린 나의 국어 교과서를 찾는 수업'이라고 했습니다. 그런데 이번 6강에서는 배우지도 않았고, 가르치지도 않았기에, 잃어버리지도 못했던 '듣기'에 대한 이야기를 하려고 합니다. 조금 이상하죠? 잃어버리지 못했지만, 잃어버리고 말았다니요.

우리는 학생들에게 잘 듣는 방법을 가르치지 않습니다. 중·고등학교 교과서에서도 '듣기'의 영역은 미미합니다. 잘 듣는 것이란 무엇이며, 왜 중요한지 알려주지 않죠. 그러나 학생에게는 '네가 들은 결과물을 써서 정리하라'고 하고, 그걸 말해보라고도 합니다. 안 배웠는데 어떻게 잘할 수 있을까요. 듣기를 배우지 않고도 모두가 잘하고 있을까요? 저는 아니라고 생각합니다. 그런 의미에서 이번 듣기 수업은 무척이나 중요합니다.

강의를 많이 하는 저를 달변가라고 생각하시는 분들이 많아요. 말을 잘하면 다른 사람 눈에 띌 수 있고, 멋지다는 칭찬도 들을 수 있죠. 하지만 저는 달변이 먼저가 아니라고 생각합니다. 정말 중요한 것은 '말하는 입'보다 '듣는 귀'입니다. 저는 책을 많이 읽습니다. 스스로를 '읽는 인간'이라고 규정하기도 해요. 하지만 강의나 말을 잘하기 위해서가 아닙니다. 오히려 잘 듣고 싶어서죠. 어떤 강의든 끝나고 나면 제 안에서 이런 소리가 들려옵니다.

"오늘 또 망했어. 거기서 실수했잖아. 왜 그랬어?"

여름날 무논에 개구리 울듯, 내 안의 '민애'가 울어댑니다. 그때 저는 내 안의 '민애'가 아무리 징징대도 들어줍니다. 그러고 나서 이렇게 말해줍니다.

"괜찮아. 지나갔어. 잘했어. 그땐 그게 최선이었어."

저는 이런 제 안의 목소리를 듣는 데까지 너무 오랜 시간이 걸렸습니다. "좋은 대학을 가야 해"라는 다른 사람 목소리를 따라 살았죠. "실적을 내야 해"라는 강한 목소리도 있었습니다. 그런데 이렇게 타인의 목소리만 듣다 보니 어느 순간 내가 텅 비기 시작하는 거예요. 그래서 내 목소리를 들어야겠다고 생각했습니다.

세상에서 가장 작게 들리는 목소리가 뭔지 아세요? 바로 자기 마음의 목소리입니다. 이 목소리를 듣기 위해선 귀를 키워야 해요. 저는 제 목소리를 듣는 귀를 키우려고 책을 읽습니다. 남들이 암만 뭐라고 해도 '나는 그거 싫은데. 나는 이게 좋은데. 난 이렇게 살고 싶은데'라는 제 내면의 목소리를 들으려고요.

저는 내면의 목소리를 잘 들으려면 다른 사람의 말도 잘 들을 수 있어야 한다고 생각합니다. 잘 듣는다는 게 뭘까요? 상대의 말을 100퍼센트 수용한다는 게 아니에요. 잘 듣는 건 핑퐁 게임 같은 겁니다. 왔다 갔다, 즉 듣고 말하고 듣고 말하면서 주고받는 소통이죠. 일종의 소통과 해석이 반복되는 듣기입니다.

저도 이걸 깨닫는 데까지 시간이 오래 걸렸습니다. 제가 학생일 땐 국어 시간에 듣기를 안 배웠어요. 왜 안 배웠냐면 듣기는 형태가 없잖아요. 그런데 잘 생각해 보면, 인간이 언어를 가지고 하는 네 가지 활동이 '듣기', '말하기', '읽기', '쓰기' 순서입니다. 아기가 '엄마'라는 말을 완성하기까지 얼마나 많이 '엄마'라는 말소리를 들었을까요? 수천, 수만 번은 들었을 거예요. 말도 듣고 엄마 입 모양도 보고 엄마 앞에서 "음-", "엄-", "마" 같은 비슷한 말도 하다가 드디어 "엄마"라는 한 단어를 말하는 거죠. 세상에 태어나서 '엄마'라는 말을 한 번도 듣지 못한 아이가 저절로 엄마라고 말할 수 있을까요? 이렇듯 듣기가 잘돼야 말하기도 잘할 수 있습니다. 말을 잘하는 사람이 사실은 잘 듣는 사람인 겁니다.

22

듣기에도
종류가 있다

▌같은 귀라도 듣는 게 다르다

듣기에도 종류가 있습니다. 보청기를 끼면 세상의 모든 소리가 다 같이 크게 들린다고 합니다. 그래서 어르신들이 힘드시대요. 원래 세상의 소리는 종류가 다르고 크기가 다 다르니까 서로 다르게 들려야 맞는 거죠.

생각해 보니 정말로 우리 귀는 모든 소리를 똑같이 수용하지 않습니다. 제 아들은 엄마 목소리를 제일 못 듣습니다. "하지 마, 하지 마!" 하는 데도 계속해요. 그런데 어디선가 "빵빵!" 소리가 들리면 귀신같이 알아듣습니다. 엄마 소리는 못 들어도 누나가 유튜

브 보는 소리는 금방 알아채고 쫓아갑니다. 이런 걸 보면 같은 귀라도 모두가 같은 걸 듣는 건 아닌 것 같습니다. 이처럼 듣기에는 특화된 부분과 둔화된 부분이 존재합니다.

우리는 정말 많은 종류의 듣기를 가지고 있습니다. 그래서 저는 듣기를 크게 두 가지로 나눠서 설명하려고 합니다. 지금 나의 듣기는 어느 쪽인지 한번 생각해 보세요.

▌ 첫째, 원초적 생존을 위한 정보 듣기

"으악! 위험해! 도망가!"

이런 말을 들으면 도망가야죠. 문자를 이해하기도 전에 거센 목소리, 비명만 듣고도 몸이 반응합니다. 이런 것이 생존을 위해 필요한 듣기입니다.

어떤 드라마에 아이를 데리고 도망치는 엄마가 등장합니다. 엄마가 다치는데, 그때 엄마는 아이에게 "가!" 하고 소리를 질러요. 짧고 굵습니다. '도망가, 나는 죽어도 너는 살아줘'라는 의미를 담고 있죠. 위험하고 강렬한 듣기입니다. 나무에 매달려 있는 원숭이들은 특정한 소리를 통해 위험의 메시지를 전파합니다. 그러면 원숭이 무리가 다 같이 움직여요. 이런 생존을 위한 듣기는 모든 동물에게 필요합니다. 살아야 하니까요.

조금 더 발달한 생존 듣기는 이렇습니다.

"어이, 산 넘어 가자. 거기 가면 고기가 있어. 사냥감이 있어."

이런 소리가 호모 사피엔스를 살렸던 생존 듣기입니다. 현대를 사는 우리에겐 어떤 것이 생존 듣기일까요?

"어느 사이트를 들어가 봐. 어느 앱을 써봐."

이런 정보에 대한 듣기가 아닐까요? 이런 듣기는 생존의 가능성을 높이고, 업무의 효율성을 높이는 듣기입니다. 꿀팁도 여기에 해당하죠.

생존 듣기는 정보를 요약해서 한 방향으로 전달해 준다는 특징이 있습니다. 그 과정에 인간의 온기는 별로 없습니다. 이제 막 회사에 들어온 신입사원을 생각해 볼까요? 이 회사의 기준에 맞춰서 품의서를 만드는데 파일 작성에 서투릅니다. 이때 선배가 와서 신입사원을 가르칩니다. "봐봐, 우클릭 하고, 여기에서 또 한 번 클릭해서 이렇게 하고 이걸 맞춰서 합산하면 돼"라고 얘기해 줍니다. 이런 게 바로 현대의 생존 듣기예요. 이런 듣기는 한 번에 알아들어야 합니다. 반복해서 설명해 달라고 하면 상대가 싫어해요.

생존 듣기는 일회성의 듣기, 일방향의 듣기라고 요약할 수 있습니다. 생존 듣기가 나쁘다는 말은 아니에요. 요약된 정보 전달은 현대인에게 꼭 필요합니다. 그런데 생존 듣기만 있다면 좀 쓸쓸하지 않나요? 요즘은 삶의 질보다 생존이 우선인 것 같아서 마음이 씁쓸해집니다.

점점 짧고 빠른 콘텐츠만 소비되는 세상이 되고 있습니다. 현대인들은 압축, 요약된 생존 듣기에만 노출되어 있죠. 그런데 이런 듣기만 가지고 살 수 있을까요? 아기 원숭이를 데리고 진행한 실험이 있었습니다. 실험실 한쪽에 젖병을 매단 차가운 금속 원숭이를, 또 한쪽에는 젖병은 없지만 폭신폭신한 인형 원숭이를 두고 가운데에 아기 원숭이를 내려놨죠. 아기 원숭이는 어디로 갔을까요? 우유를 먹을 때만 차가운 금속 원숭이에게 갔다가, 나머지 시간은 내내 포근한 인형 원숭이에게 안겨 있었다고 해요.

효율적이라 생각하면서도 동시에 차가운 쪽이 마음에 들지 않았던 거죠. 저는 원숭이의 선택이 이해가 됩니다. 저도 그렇거든요. 예를 들어, 전자음으로 들리는 목소리가 싫을 때가 있습니다. "고객님 안녕하십니까? 고객님의 편리를 위해 저희는 항상 최선을 다하고 있습니다." 상냥한 말투지만 내가 물을 때 대답을 해주진 않습니다. 제가 이런저런 말을 해도 전자음 목소리는 같은 말만 해요. 분명 사람 목소리인데 얼굴이 그려지지 않습니다.

사실 듣기는 면대면 만남을 전제로 합니다. 사람은 다른 사람의 얼굴, 정신, 내면, 생각과 만나야 듣기가 가능합니다. 전자음으로 된 정보를 들을 때 약간 어색하고 불편한 느낌이 드는 이유는 만남이 없기 때문에 그렇습니다. 그리고 오해와 싸움은 비대면 상황에서 정말 많이 일어납니다. 제가 아는 한 사업가는 절대 전화로 계약하지 않는다고 합니다. 만나서 얘기를 하고 눈빛을 주고받아야 좋은 계약이 된다고 하시더라고요. 실제로 감정이 격앙된 통화를 했어도, 막상 만나면 오해를 풀거나 속뜻을 이해하게 되는 경우가 많습니다.

좋은 만남과 대면은 보다 인간적이고 고차원적인 듣기로 이어질 수 있습니다. 그래서 저는 정보 듣기 외에도 우리 인간에게는 '소통 듣기'라는 것이 있다고 말하고 싶습니다.

▌ 둘째, 공감과 유대를 바탕으로 한 소통 듣기

정보 듣기가 생존을 위한 듣기라면 소통 듣기는 공감과 유대를 바탕으로 한 쌍방향 듣기입니다. 공감과 유대를 바탕으로 상대방에게 갔다가 다시 돌아와서 이어지는 듣기, 당신과 나 사이를 오가는 순환의 듣기죠. 소통 듣기는 상생의 가치를 높여줍니다. 상대를 존중하는 듣기이기에 따뜻합니다. 간단 정리에 목적을 두기보다 조금 길어질 수도 있는 이어짐의 듣기예요. 생존 듣기가 '나'를 중심으로 한다면 소통 듣기의 중심은 '우리'에게 있습니다. 이런 쌍방향의 듣기는 대화의 현장에서 우리 둘 다를 주인공으로 만들어주죠. 나와 네가 함께 만들어가니까요. 세상을 해석하고 나를 이해하는, 깊은 듣기입니다.

소통 듣기는 말, 언어, 단어로만 전달되지는 않습니다. 표정,

말투, 태도, 행동까지 전달의 대상이죠. 그래서 배려가 필요합니다. 소통 듣기의 예시로 한 소설 작품을 소개해 드릴게요. 이희영 소설가의 『페이스』(현대문학, 2024)입니다.

이 소설에는 자기 얼굴을 보지 못하는 여학생 주인공(나)이 등장합니다. 자기 얼굴만 안 보여요. 거울을 보면 어느 날은 얼굴이 소용돌이처럼 뭉개져 보이고, 어느 날은 점으로 가득 찬 그림처럼 보이고, 어느 날은 무지개처럼 알록달록해 보여요.

주인공은 우연히 같은 반 남학생(묵재)이 튀기는 농구공에 맞아 이마가 찢어집니다. 이마를 열 바늘 정도 꿰맸는데, 놀라운 일이 생겨요. 거울을 봤더니 여전히 내 얼굴은 안 보이지만 흉터는 보이는 거예요. 주인공은 신이 납니다. 얼굴의 일부라도 볼 수 있게 되었으니까요.

한편 친구를 다치게 한 묵재는 죄책감을 느낍니다. 그 둘은 만나서 이야기를 나눕니다. 주인공은 이런저런 이유로 흉터가 반갑다고 묵재에게 말하면서도 이해받기 어려울 것이라고 생각합니다. 얼굴에 대한 비밀을 들킬까봐 계속 말할까 말까를 고민하죠. 이때 묵재가 놀라운 한마디를 해요.

"계속해 봐."

그래서 주인공은 이야기를 계속합니다. 그러자 이번에는 묵재가 자신의 숨겨진 비밀을 이야기해요. 두 사람은 서로의 비밀을 충분히 들어줬고 자신들의 비밀을 충분히 말했기 때문에 아주 홀

194

가분한 상태가 됩니다. 행복해하죠.

"계속 이야기해 봐." 이 말이 의미하는 건 나는 경청할 준비가 되어 있어, 나는 너를 위해 귀와 마음을 준비했어, 그러니까 네 이야기를 들려달라는 일종의 제스처입니다. 일방향의 차가운 듣기가 아닌 소통 듣기, 공감 듣기에는 이런 제스처가 아주 효과적입니다.

외국 사람들은 엘리베이터를 탔을 때 스몰토크(가벼운 대화)를 한대요. 처음 만났는데 "하이!" 하면서 날씨 이야기도 하고, 모자도 벗습니다. 인사를 할 때 악수를 하거나 모자를 벗는 건 내가 무기를 숨기지 않았고, 너를 해칠 의도가 없다는 걸 알리는 데서 비롯된 제스처입니다. 우리의 대화에도 제스처라고 하는 소통의 기술이 필요합니다.

"나는 네 이야기를 받아들일 준비가 되어 있어. 계속해 봐."

바로 이것이 일방향 듣기를 소통의 듣기로 전환해 주는 반환점이 될 수 있습니다.

하나 더 중요한 제스처는 "그래"입니다. 누군가와 대화를 나눌 때 "그래, 그랬구나"라는 제스처를 해주면 상대방이 대화 중에 길을 잃더라도 원래 하던 말로 잘 돌아올 수 있습니다. 제 아들은 5학년 남자애인데 흥분을 잘해요. 집에 올 때면 가쁘게 숨을 몰아쉬고 "엄마! 걔가 나한테 그랬어!"라고 외치며 들어옵니다. 무슨 말을 하는 건지 하나도 못 알아듣겠더라고요. 그렇다고 저도 "어머! 대체 무슨 말이야!"라고 흥분하면 안 되겠죠. 속으로는 무슨 말인지 하나도 모르겠더라도 "그래, 맞아, 그랬구나"라고 대응하면 아이가 흥분 때문에 하고 싶은 말에서 벗어나 있더라도 점차 자신의 이야기로 돌아갑니다.

"더 말해봐. 나는 잘 듣고 있어." 이런 제스처를 보이면 처음에는 그 친구의 나쁜 점만 얘기하다가도 "사실은 나도 조금 잘못을 하긴 했지"라며 제정신을 차려요. 이런 제스처가 소통의 대화, 소통의 듣기에 정말 자주 필요합니다.

23

우리를 살리는
일상 속 듣기

▌갈등 상황에서의 듣기

일상뿐 아니라 갈등 상황에도 듣기의 기술이 필요합니다. 어쩌면 양쪽을 살리는 소중한 기술이 될 수도 있죠. 그것은 상대의 말을 인정하는 듣기입니다.

언젠가 텔레비전 프로그램에서 이런 내용을 본 적 있습니다. 한 여성이 부모님 때문에 힘들었나 봐요. 그녀는 부모님에게 전화를 해서 원망의 말을 쏟아냅니다.

"엄마, 내가 엄마 때문에 얼마나 힘들었는지 알아? 내가 엄마 때문에 얼마나 죽고 싶었는지 아냐고! 나도 어린애였는데 엄마 왜 그

렸어!"

이럴 때 어떤 말을 들어야 마음에 맺힌 게 풀어질까요?

"이제 와서 그게 무슨 소용이냐? 다 지난 일이잖아. 사과했잖아. 미안하다고 그랬잖아. 이제 그만 잊자."

이런 말이 도움이 될까요? 전혀 도움이 안 됩니다. 이 여성은 같은 이야기를 어제도 했고, 그제도 했고, 일주일 전에도 했을 수 있어요. 사과를 받았을 수도 있죠. 그런데 정말 중요한 것은 사과가 아니라 인정이에요. 인정을 받고 싶은 거죠.

"그래, 네가 정말 힘들었구나. 네가 죽고 싶을 정도였구나. 그 정도인 줄 몰랐다. 미안하다. 그때 네가 상처받은 걸 사실 알고는 있었어. 잘못했다. 미안해. 어린 네가 많이 힘들었겠구나."

이렇게 말하는 게 인정입니다. 내가 힘든 걸 알아주지 않으면 억울하거든요.

이처럼 어려운 갈등 상황에서도 듣기의 기술이 필요해요. 상대의 마음을 인정하는 듣기는 두 사람을 살리는 소중한 기술이 될 수 있습니다. 예를 들어, 부부싸움을 할 때는 어떻게 듣는 게 좋을까요? 상대방이 한 말을 내가 회피하지 않고 정면에서 받고 있다는 것을 알려주는 게 중요합니다.

"나중에 말하자", "집에 가서 얘기해", "그냥 좀 넘어가", "지금 나보고 어쩌라는 거야" 이러면 크게 싸우게 되죠. 반면 부드러운 어조의 "그래, 말해봐", "아우, 속상했겠네"라는 말을 들으면 어떤

가요? 나도 모르게 속이 스르르 풀리지 않던가요? 나, 또는 상대가 속상했다는 것을 인정하는 것에서부터 대화는 시작됩니다.

일상에서 갈등을 겪을 때, 듣기만 잘해도 갈등 상황을 해결할 수 있습니다. 우선, 말하고 싶어 하는 사람에게 충분히 말할 수 있는 시간을 주는 것이 좋습니다. 자기 말을 하다 보면 그 감정을 자기 귀로 듣게 되고 그렇게 입 밖으로 토해내다 보면 누그러집니다. 상대가 충분히 말할 수 있도록 만드는 듣기는 나에게 왔다가 다시 너에게 돌아가는 순환의 듣기입니다.

▎ 토론에서의 듣기

저는 대학에서 토론 수업을 하면서 듣기도 따로 배워야지 잘할 수 있다는 사실을 절실하게 깨달았습니다. 저는 책을 읽고 토론하고 글을 쓰는 수업을 할 때 학생들에게 조를 짜줘요. 네 명이 한 조가 되어 책에 대해 이야기를 나누고 주제에 대한 다양한 의견을 교환하게 하죠. 그런데 막상 토론을 시작하면 학생들이 굳어 있어요. 지금의 대학생들은 저보다 토론 수업을 더 많이 경험했음에도 입을 잘 떼지 않습니다. 왜 그러냐고 물어보니까 토론을 즐겁게 나누는 대화의 장이 아니라 '이겨야만 하는' 어떤 판이라고 생각하더라고요. 토론은 논쟁이고, 논쟁은 싸움이고, 싸움이면 이겨야 한다고 생각하기에 긴장하는 거예요. 이런 상황에선 입을 닫을 수밖에 없습니다. 자신의 단점이 드러날 수 있으니까요. 학생들이 승리와 패배의 논리로만 토론을 생각하는 게 마음이 아팠습니다. 그래서 저는 학생들에게 이렇게 말했어요.

"얘들아, 너희가 어떤 자세로 수업을 듣든, 심지어 삐딱하게 엎드려서 수업을 들어도 나는 상처받지 않아. 그렇지만 같은 조원 친구들에게는 예의를 지켜줘. 그 예의의 시작은 몸에서 나오는 거야. 앞에 사람이 있는데 네가 몸을 뒤로 젖히고 있다면, 너는 상대방을 밀어내는 거야. 뒤를 밀면서 앞사람을 밀어내지 마. 두 손은 너의 휴대폰을 위해서 쓰지 말고 책상에 놓거나 펜을 잡아줘. 그 사람이 하는 중요한 말을 적어줘. 눈은 그 사람을 바라봐줘. 눈과 눈을 마주치는 것이 부담스럽다면 나의 눈이 다른 곳을 향하지 않고 상대방을 향하고 있다는 정도까지만 해줘. 자세, 각도, 얼굴이 향한 방향으로 상대방을 배려해줘. 제스처도 듣기의 일부야. 이 수업은 이기는 게 아니라 만나는 것에 가치를 두는 거야."

강의실 앞에선 학생들이 딴짓하는 게 잘 보이거든요. 고개는 열심히 끄덕이는데 카톡을 하고 있는 학생도 있고, 패드에 뭔가 열심히 필기하는 척하지만 사실 수학 문제를 풀고 있는 학생도 있죠. 저는 학생들의 이런 행동에 상처받지 않아요. 하지만 토론을 할 때는 상대방에 대한 예의를 갖춰야 한다고 생각합니다.

학생들에게 이런 말을 해줬을 때의 토론 시간과 해주지 않았을 때의 토론 시간은 하늘과 땅 차이입니다. 학생들이 서로 몸을 기울여 도란도란 의견을 조율해 나가는 것을 보면 저도 무척이나 행복합니다. 가까운 사람, 가족, 지인들하고 대화할 때도 이런 몸짓의 기술이 좋은 방법이 될 겁니다.

▌좋은 인터뷰를 위한 듣기

전문가 중에서도 듣기를 잘해서 덕을 보는 사람들이 있습니다. 듣기는 일상뿐만 아니라 전문가 영역에서도 큰 역할을 합니다. 지승호 작가님의 인터뷰 책에 이런 사례가 적혀 있었어요.

한 커뮤니케이션 전문가가 계셨대요. 소통 전문가라면 본인도 말솜씨가 좋아야 하잖아요. 말도 엄청나게 많이 해야 할 거고요. 그런데 어느 날 이분의 성대에 병이 생깁니다. 성대가 아파서 의도치 않게 말을 못 하게 된 거죠. 그러자 어떤 일이 생겼을까요? 오히려 귀가 트이고, 남의 말을 잘 듣게 됩니다. 그리고 그동안 보이지 않았던 게 보이기 시작합니다. 대화를 나누는 상대의 눈빛, 그 사람의 내면 같은 것이 보이게 된 거죠. 그분은 이후에 더 좋은 인터뷰, 더 좋은 커뮤니케이션을 할 수 있게 되었대요.

저는 가끔 시인을 인터뷰하러 갈 때가 있습니다. 사전 조사를 하긴 하지만 너무 많이 하지는 않아요. 이것이 인터뷰 때 오히려 독이 되는 경험을 했거든요. 현장에 나가서 얼굴을 보고 눈빛을 보고 목소리를 듣고 바로바로 느껴지는 이야기를 나눴을 때 훨씬 좋은 결과물이 나올 때도 있습니다.

인터뷰란 인간과 인간이 마주치고, 정신과 정신, 관심과 관심이 맨몸으로 마주치는 것입니다. 내가 준비한 사전 조사가 맞는지 안 맞는지 판단하는 것은 일종의 청문회입니다. 좋은 인터뷰는 그 사람의 내면을 듣는 것이지, 사실을 확인하는 것이 아닙니다. 이때도 듣기가 굉장히 중요합니다.

▌ 나를 만나는 내면의 듣기

듣기에도 최종점이 있을까요? 아직 제가 경험하진 못했지만 언젠가 도달하고 싶은 듣기는 포르투갈의 시인 페르난도 페소아 Fernando António Nogueira Pessoa 가 쓴 시에 들어 있습니다. 시의 제목은 「봄이 다시 오면」이에요.

하지만 봄은 심지어 어떤 것조차 아니지.

그것은 말을 하는 방식일 뿐.

페소아는 자신이 그저 봄이 말하는 것을 경청했고 그것을 시로 옮겨 놓았다고 말합니다. 페소아는 봄을 '말'로 읽고 '말'로 들었습니다. 너무 멋있지 않나요. 저도 언젠가는 세상이 나한테 하는 말을 듣고 싶습니다. 뉴스나 주식 등 그런 소식이 아니라 잘 안 들리는 세상의 내면을 듣고 싶습니다. 그래서 세상과 내가 좋은 관계를 맺는, 그런 듣기를 하고 싶습니다.

예전에 시는 노래였습니다. 입에서 노래가 되어 흘러나오는 가사가 곧 '시'였죠. 지금의 시는 읽는 시입니다. 하지만 모두가 결단코 읽는 시가 된 것은 아니랍니다. 우리 시 중에는 이야기를 듣는 듯한 시들도 있습니다. 예를 들자면 백석 시인 같은 경우죠. 학자들은 백석 시인을 '이미지를 불러내서 이야기를 전달하는 시인'이라고 말합니다. 그에게는 「수라修羅」라는 시가 있습니다. 여기서 '수라'는 거미를 의미합니다. 한 편의 이야기와 같아서 읽다 보면 마치 백석 시인이 옆에서 조곤조곤 이야기를 해주는 느낌이 듭니다.

시인은 방에서 작은 거미 한 마리를 발견하고는 무심코 집어서 밖으로 내보냅니다. 그러자 조금 더 큰 거미가 나옵니다. 시인은 아까 그 거미의 형인 듯싶어 똑같이 바깥으로 보내줍니다. 그러자 세 번째 거미가 등장합니다. 알에서 갓 나온 듯한 새끼 거미였죠. 시인은 거미 세 마리가 모두 가족이었나 생각합니다. 마지막 작은 거미를 밖으로 내보내면서 모두 잘 만났으면 좋겠다고 미안해하죠. 그저 읽었는데 마치 이야기를 듣는 것만 같아요. 이처럼 백석은 말 못 하는 거미의 속사정까지 듣는 시인이었습니다.

잘 듣는 시인이 쓴 시가 우리 귀에도 잘 들어옵니다. 저는 이것이 고급스럽고 수준 높은 내면 듣기의 경지라고 생각합니다.

24

아름다운 듣기가 만든
아름다운 시들

▌듣고 말하는 것이 작품이 될 때

좋은 듣기는 좋은 질문을 낳고, 좋은 질문은 좋은 답변을 낳고, 좋은 답변은 다시 좋은 듣기를 불러옵니다. 이런 선순환이 모여 아름다운 작품이 되기도 해요. 우리 전통 시의 양상에 문답시가 있는데요, 묻고 답하는 오고 감이 한 편의 작품이 되는 것이죠.

제가 좋아하는 문답시 중에 마종기 시인의 「안 보이는 사랑의 나라」가 있습니다. 죽어서 멀리 떠나려는 아버지의 영혼에게 아들이 묻습니다. '아버지, 그냥 여기서 살면 안 돼?' 하지만 아버지는 '고향 나라로 돌아가고 싶어'라고 대답하죠. 아들은 또 질문을 합니다. '아버지, 고향이 그렇게 그리웠어?' 서로의 경청하고 질문하는 과정을 읽다 보면 '아, 시인이 멀리 떠나온 조국을 많이 그리워했구나, 죽어서라도 고향 나라로 가고 싶어했구나'라는 사실을 알 수 있습니다.

아빠는 아빠 나라로 갈 꺼야?

아무래도 그쪽이 내게는 정답지.

여기선 재미없었어?

재미도 있었지.

근데 왜 가려구?

아무래도 더 쓸쓸할 것 같애.

죽어두 쓸쓸한 게 있어?

마찬가지야. 어두워.

(중략)

아빠는 그럼 사랑을 기억하려고 시를 쓴 거야?

어두워서 불을 켜려고 썼지.

시가 불이야?

나한테는 등불이었으니까.

(하략)

_마종기, 「안 보이는 사랑의 나라」 중에서,
『안 보이는 사랑의 나라』 수록, 문학과지성사, 2020

마종기 시인은 의대를 다니고 있었는데 어떤 정치적인 사건으로 인해 한국에서는 살 수 없게 됐습니다. 나쁜 짓을 한 것도 아닌데 미국으로 건너가 의사로 일을 했죠. 그에게는 한국에 두고 온 수많은 인연, 기억, 가족이 있었습니다. 그래서 고국으로 돌아가고 싶은 마음이 컸습니다. 그 마음이 이 시에 나오는 아빠의 대답에 들어 있습니다.

'죽어서도 내 나라로 가고 싶어, 여기는 너무 어두워서 시를 썼어, 시는 나한테 등불이었으니까.' 이렇게 좋은 대답이 나오는 건 아들이 사랑하는 마음을 담아 자꾸 질문했기 때문입니다. '아빠, 그랬어? 아빠, 그래서 쓴 거야? 아빠, 갈 거야?' 깊은 애정과 관심으로 자꾸 물어보죠. 이렇게 물음은 시인에게 돌아오고 답변은 다시 물음으로 이어집니다.

▌아름다운 듣기는 영혼의 자양분이 된다

좋고 아름다운 듣기는 사람의 영혼에 큰 자양분이 되기도 합니다.

과거에는 익숙했는데 요즘은 좀 낯선 듣기를 박노해 시인의 시를
통해 말씀 드리고 싶어요.「그 겨울의 시」입니다.

문풍지 우는 겨울밤이면

윗목 물그릇에 살얼음이 어는데

할머니는 이불 속에서

어린 나를 품어 안고

몇 번이고 혼잣말로 중얼거리시네

오늘 밤 장터의 거지들은 괜찮을랑가

소금창고 옆 문둥이는 얼어 죽지 않을랑가

뒷산에 노루 토끼들은 굶어 죽지 않을랑가

아 나는 지상에서 가장 아름다운

시낭송을 들으며 잠이 들곤 했었네

찬바람아 잠들어라

해야 해야 어서 떠라

한겨울 얇은 이불에도 추운 줄 모르고

왠지 슬픈 노래 속에 눈물을 훔치다가

눈산의 새끼노루처럼 잠이 들곤 했었네

_박노해, 「그 겨울의 시」 전문,
『그러니 그대 사라지지 말아라』 수록, 느린걸음, 2010

추운 겨울 밤 할머니는 손자를 재우며 오늘 밤 장터의 거지들은 괜찮을지, 소금창고 옆 문둥이는 얼어 죽지 않을지, 뒷산에 노루 토끼는 굶어 죽지 않을지, 이런 이야기를 중얼중얼합니다. 이걸 시인이 받아 쓴 거죠. 정말 세상에서 가장 아름다운 시 낭송이 아닌가요. 이렇게 아름다운 이야기를 들으면 영혼이 아름다워지는 것 같아요. 박노해 시인이 소외된 사람들과 추운 사람들을 걱정하는 어른으로 자랄 수 있었던 건 분명 할머니의 말을 많이 들어서일 겁니다.

어떤 사람의 말은 듣는 사람 마음속에 들어가 영원히 살아 있기도 합니다. 그래서 우리에게는 좋은 말이 필요합니다. 좋은 말 이전에 좋은 듣기도 필요하죠. 여러분이 이번 6강을 '아름다운 우리의 듣기를 찾아서'로 기억해 주시면 좋겠습니다.

나의 두 번째 교과서
×
나민애의 다시 만난 국어

7강

에세이,
나를 살리는
글쓰기

7강을 시작하며

나의 두 번째 교과서

저는 27세에 평론가로 등단한 이후 지금까지 200편 정도의 평론을 썼습니다. 국어국문학 석사학위 논문, 박사학위 논문도 정말 힘들게 썼어요. 그리고 1년에 50편씩, 대략 400편 정도의 칼럼을 써오고 있습니다. 그동안 제가 쓴 글들을 헤아려 보니 굉장히 많더라고요. 써왔던 글마다 보람 있고 좋았지만 돌이켜보면 어떤 글도 저만의 글은 아니었던 것 같습니다. 대부분의 글이 기관이나 공동체, 학술단체, 신문 등 다른 사람을 향해서 말하는 글쓰기였거든요.

이런 글쓰기를 하다 보면 마음이 공허할 때가 있습니다. 글을 열심히 써서 종이비행기를 날리듯 세상으로 보내고 나면 허탈해질 때가 있더라고요. 그때 저에게 힘이 되었던 글쓰기가 에세이였습니다. 논문이나 칼럼과는 다르게 에세이는 오롯이 나만을 위해 존재한다는 생각이 들었거든요. 종이비행기처럼 날아가면 끝나는 글쓰기가 아니라 부메랑처럼 나에게 다시 돌아오는 글쓰기였습니다.

그래서 저는 에세이를 쓰며 종종 힐링의 시간을 갖는데요, 에세이를 쓰면 쓸수록 좋은 점이 참 많습니다.

첫째, 삶의 의미를 발견하게 합니다. 열심히 노를 저으며 삶을 살아가는데 가끔 어느 방향으로 가는지 모를 때가 있잖아요. 몰라도 가긴 가야 하니까 계속 가는데, 가끔 길을 잘못 들었구나 싶죠. 이럴 때 에세이는 과거를 돌아보며 삶의 의미를 파악하게 해주고, 내가 지금 어디 있는지 깨닫게 해주고, 이 다음 어디로 가야겠다는 방향키 역할을 해줍니다. 이소연 시인은 산문집에 이런 얘기를 썼어요.

"많은 사람이 쓰는 삶을 살았으면 좋겠다.
기록할 만한 가치가 있어서 기록하는 것이 아니라
기록된 삶이 가치 있는 거라고 믿는다."

_이소연, 「그저 예뻐서 마음에 품는 단어」 중에서, 앤드, 2024

내가 위인이어서, 영웅이어서, 굉장히 훌륭한 사람이어서 내 삶을 기록하는 것이 아니라 기록을 하면서 의미가 만들어지는 겁니다. 이런 것을 '사후성'이라고도 합니다. 지나온 삶에 대해 뒤돌아보면서 '그것은 그러한 의미가 있었구나!'라고 쓰는 순간, 말로 포착되지도 않고 의미화되지 않아 산산이 부서지던 과거의 가치가 모여 비로소 '의미'가 됩니다. 이렇게 삶의 의미를 포착하는 것이 바로 에세이 쓰기입니다.

둘째, 우리에게는 자신을 표현하고 싶은 욕구가 있습니다. 사람은 밥만 먹고 사는 존재가 아니에요. 의미와 가치도 먹어야 삽니다. 에세이를 쓰면 자신을 표현하는 기회를 갖게 됩니다. 언젠가부터 희미해진 나 자신의 의미를 글로 쓰는 거예요. 그림으로 윤곽을 명확하게 하는 것처럼 흐려지는 나의 의미를 다시 복구해 내는 거죠. 나를 드러내려는 '의미적 생존' 욕구를 에세이로 표현하는 겁니다.

셋째, 에세이 쓰기엔 큰 비용이 들지 않습니다. 취미로 그림을 배우려면 물감도 사야 하고 종이도 사야 하잖아요. 요리를 배우려고 해도 식재료를 사거나 조리도구를 사야죠. 그런데 에세이는 나 자신이라는 재료와 종이와 펜, 또는 컴퓨터나 노트북만 있으면 됩니다. 다른 것을 구비하지 않고도 나 자신을 연구해서 나를 대상으로 삼을 수 있는 글쓰기가 바로 에세이입니다.

25

에세이 쓰기의
장점

▮ 나를 찾아나가는 과정

에세이는 나 자신의 '과거와 현재와 미래'에 대한 쓰기입니다. 우리의 삶은 단 한 번밖에 주어지지 않습니다. 그리고 우리는 살아가는 동안 많은 사람을 만나고 기억에 남깁니다. 내 기억 속에 있는 사람들은 언제 사라질까요? 저의 죽음과 함께 사라지겠죠. 그런데 사랑하는 사람에 대해 에세이를 쓰면 그 안에 그 사람이 살아 있습니다. 에세이를 쓰면 지나간 과거가 내 안에 여전히 살아 있는 느낌을 받습니다. 예전에 들었던 말, 만났던 사람들이 현재의 나를 만드는 데 일조했을 겁니다. 그런 일들을 찾아서 에세이로 쓰면 그동안 잊고 있었던 것, 의미로는 포착하지 못했던 것들이 어느새 의미 있는 것이 되어 현생의 나를 찾아옵니다. 이런 과정이야말로 내가 걸어 나갈 미래의 시간, 다음 스텝을 밟는 데 큰 도움이 됩니다.

요즘 SNS를 보면 모든 사람이 자기의 존재 의미를 외치는 것 같습니다. '나는 이런 사람이야!'라고 다투어 어필하는 듯하죠. 그런 사람들의 모습을 보면 상대적으로 제 자신이 점점 작아지는 느낌이 들어요. 분명히 매일 열심히 살고 있는데도 '진짜 나는 누구지?', '내가 뭘 좋아하지?' 묻게 돼요. 누군가의 아내로, 딸로, 엄마로, 며느리로, 선생으로 살고는 있는데 '이게 정말 나인가?' 이런 질문이 생깁니다. 나도 나를 잘 모르겠어요.

여러분도 그럴 때가 있지 않나요? 나도 모르는 나를 찾고 싶다는 생각이 들 때가요. 바로 이럴 때 에세이를 쓰면 혼란스러운 마음을 한 가닥씩 풀어낼 수 있습니다. 우리 안에는 아주 다양한 자신이 들어 있어요. 세계적인 소설가 헤르만 헤세Hermann Karl Hesse는 "영혼은 무수하다. 인간은 수백 개의 껍질로 된 양파이고, 수많은 실로 짜인 천이다"라고 말한 바 있습니다. "실제로 어떤 자아도 하나의 통일체가 아니라, 지극히 다양한 세계, 별들이 빛나는 작은 하늘, 형식과 단계와 상태들의 혼돈, 유산과 가능성의 카오스"라고도 했습니다.

저는 이런 말들을 보고 반가웠어요. 제 안에도 여러 '나민애'들이 있거든요. 평소엔 잘 보이지 않지만 에세이를 쓸 땐 정말 다양한 내 모습을 발견하죠. 나를 찾는 문제에 대해 이어령 선생님은 이렇게 말했습니다.

"그 자체로 반짝거리는 나만의 경험,
나만의 스토리텔링이 담긴 인생을 살게."

_김지수, 『이어령의 마지막 수업』 중에서, 열림원, 2021

여기서 말하는 스토리텔링이 있는 인생, 그러니까 진정한 나를 찾는 과정이야말로 에세이 쓰기와 밀접하게 접목되어 있습니다. 에세이는 나의 기억을 갖고 내가 쓰는 것입니다. 과거나 현재에서 중요한 사물, 인물, 사건 등을 떠올리면서 잘 표현되지 않았던 내 감정이나 포착되지 않았던 내 생각을 다시 잡아서 쓰는 거예요. 즉, 과거의 나와 현재의 내가 합심해서 만드는 일종의 '자아 찾기', 이것이 바로 에세이입니다. 우선 자아를 찾아야지만 쓸 수 있냐고요? 아뇨, 쓰면서 찾을 수 있습니다!

▎ 마음의 정화에서 감정의 디톡스까지

나를 찾아나갈 수 있다는 점이 에세이 쓰기의 첫 번째 이득이라면, 두 번째 이득은 마음의 정화입니다. 조금 부끄러운 고백이긴 한데 몇 년 전 저는 남편과 많은 갈등을 겪었습니다. 저는 인지를 못 하고 있었는데 남편이 그러더라고요.

"당신은 화가 너무 많아. 분노조절을 못하는 것 같아. 병원에 가 봐야 될 것 같아. 아주 사소한 일에도 부르르 화를 내고 있잖아."

그러면 저는 남편이 저를 비난한다고 생각해서 또 화가 났죠.

"당신이 나를 알아? 네가 내 심정을 어떻게 알아? 내가 화낼 정도면 얼마나 힘들어서 그렇겠어? 위로는 못 해줄 망정 병원에 가라니?"

병원이 아니라 법원을 찾아가고 싶을 정도로 힘든 시기였습니다. 그런데 이상하게도 제가 첫 에세이집을 내기로 결심하고, 이를 위해 6개월 동안 밤마다 정말 열심히 썼더니 분노가 사라졌어요. 나중에 남편이 이렇게 말하더라고요. "당신 많이 변했네. 예전엔 당신하고 못 살 것 같았는데 이제는 살 수 있을 것 같아."

솔직히 저는 제 안에 그렇게 많은 화가 있는지 몰랐습니다. 급하고 짜증스러운 줄도 몰랐죠. 그런데 지금은 반성하고 과거의 저를 가엾게 바라봅니다. 에세이를 쓰면서 내 안에 맺혀 있는 줄도 몰랐던 미움, 분노, 아픔 등을 토해냈나 봅니다. 글을 쓰면서 울컥

했던 때가 많았습니다. '그때 나는 왜 힘들었나' 쓰면서 회한의 마음이 들 때도 있었고, 쓰면서 엉엉 울기도 했죠. 응어리진 마음을 다 토해내서 글에 옮겨놓고 그 글을 마주 보고 있노라니, 뭔가가 정리되고 인생의 다음 장으로 넘어갈 수 있겠다는 생각이 들었습니다.

이런 점에서 에세이는 '디톡스'의 글쓰기입니다. 동시에 내가 갖고 있는지도 몰랐던 아픔을 토해내는 '용기'의 글쓰기입니다. 저는 에세이를 쓰는 시간이 다른 어떤 글쓰기의 시간보다 참 행복했습니다.

26

문장으로 쓴 시,
에세이

▌ 어떤 글을 에세이라고 말할까

시와 소설은 배우기 어렵지만 에세이는 그렇지 않습니다. 사실 작법을 배우지 않고도 자연스럽게 쓸 수 있어요. 에세이 쓰기는 샘물에서 물이 솟아날 때 그걸 그대로 담는 것과 같죠. 글쓰기 입문으로 에세이만큼 좋은 것이 없습니다.

에세이는 내면의 이야기를 끄집어낸다는 측면에서 시와 닮았습니다. 하지만 시처럼 압축이나 절제할 필요 없이 편하게 문장으로 쓰면 됩니다. 서술 방식은 소설과 더 가깝습니다. 소설과 다른 점은 허구의 이야기가 아니라 내 이야기, 내가 주인공이 된 나의 이야기를 쓴다는 것입니다.

그럼 일기와 에세이는 무슨 차이가 있을까요? 일기日記는 그 단어에 뜻이 담겨 있습니다. 일기는 오늘을 기록하는 것입니다. 오늘 내가 한 행동과 생각을 담는 글쓰기로 현재 진행 중인 사건에 주목합니다. 에세이는 일기보다 좀 더 묵은 글입니다. 과거의 사건이 재료죠. 일기가 오늘 나의 일상을 발견하는 시간이라면, 에세이는 조금 더 깊이 박혀 있는 내 안의 가시를 건드는 시간입니다. 더 깊이 박혀 있는, 다시 소환하고 싶은 과거의 이야기를 주제로 다루죠. 저는 일기는 겉절이, 에세이는 묵은지라고 표현하고 싶네요.

▌ 문장으로 만든 시

에세이는 굉장히 진실한 장르의 글쓰기입니다. 문장으로 쓴 시라고나 할까요. 이게 무슨 뜻인지 김기림 작가의 「길」이라는 작품으로 설명해 드릴게요.

나의 소년 시절은 은빛 바다가 엿보이는 그 긴 언덕길을 어머니의 상여와 함께 꼬부라져 돌아갔다.

내 첫사랑도 그 길 위에서 조약돌처럼 집었다가 조약돌처럼 잃어버렸다.

그래서 나는 푸른 하늘빛에 호져 때 없이 그 길을 넘어 강가로 내려갔다가도 노을에 함북 자줏빛으로 젖어서 돌아오곤 했다.

그 강가에는 봄이, 여름이, 가을이, 겨울이 나의 나이와 함께 여러 번 다녀갔다. 가마귀도 날아가고 두루미도 떠나간 다음에는 누런 모래둔과 그리고 어두운 내 마음이 남아서 몸서리쳤다. 그런 날은 항용 감기를 만나서 돌아와 앓았다.

할아버지도 언제 난지를 모른다는 마을 밖 그 낡은 버드나무 밑에서 나는 지금도 돌아오지 않는 어머니, 돌아오지 않는 계집애, 돌아오지 않는 이야기가 돌아올 것만 같아 멍하니 기다려 본다. 그러면 어느새 어둠이 기어와서 내 뺨의 얼룩을 씻어 준다.

_김기림, 「길」 전문

이 글이 1930년대에 발표됐을 때는 수필집에 들어갔습니다. 그런데 수필이라고 보기에는 너무 짧아요. 시적인 요소도 굉장히 강하고요. 그래서 저는 아버지하고 토론을 했습니다. 아버지는 시로 봐도 충분하다며, 시로 해석을 해보자고 하셨죠. 김기림 작가는 북한 김책시 근처 과수원집의 아들이었습니다. 옛날에 과수원집은 부잣집이었어요. 무곡원이라는 과수원이었는데 누나만 여

222

섯이고, 본인은 유일한 아들이자 막내였습니다. 어떤 상황인지 짐작이 가시죠. 아이를 여럿 낳았던 어머니는 김기림 작가가 어렸을 때 일찍 돌아가셨습니다. '나의 소년 시절은 은빛 바다가 엿보이는 그 긴 언덕길을 어머니의 상여와 함께 꼬부라져 들어갔다 돌아갔다'라는 구절에는 돌아가신 어머니 이야기가 투영되어 있죠.

어머니만 사라진 게 아니라 첫사랑도 사라졌어요. 얼마나 마음이 아팠겠어요. '그래서 나는 푸른 하늘빛에 호져 때 없이 그 길을 넘어 강가로 내려갔다가도 노을의 함뿍 자줏빛으로 젖어서 돌아오곤 했다'라고 썼습니다. 사라진 사람들을 따라가고 싶지만 살아 있어서 따라갈 수가 없었죠. 시간은 흐르고 어두운 내 마음만 남아서 몸서리칩니다. 그런 날엔 감기를 앓아서 돌아와 앓았다고 해요. 우리도 마음이 많이 아플 때는 몸이 따라서 아프잖아요.

이 시 같은 수필, 수필 같은 시는 실제로 쓰는 사람의 어렸을 적 경험이 많이 녹아 있습니다. 어머니를 기다렸고, 어머니를 그리워했고, 길을 바라보면서 가슴 아파했고, 그리움이 마음속에 뿌리를 내렸으니 그는 자라서 시인이 될 수밖에 없었겠죠.

▌ 순간의 감정을 포착해 풀어내는 시처럼

'문장으로 쓴 시'가 바로 에세이라고 말씀드렸죠. 우리는 자신의 사연, 일화, 기억, 가슴 아픈 일, 사랑한 사람에 대해 쓴 시들을 굉장히 많이 찾아볼 수 있습니다. 지금 소개해 드리는 시를 조금 더 길게 쓴다면 에세이에 가까워집니다. 개인적으로 참 좋아하는 작품인데요, 이상국 시인의 「혜화역 4번 출구」입니다.

딸애는 침대에서 자고
나는 바닥에서 잔다
그애는 몸을 바꾸자고 하지만
내가 널 어떻게 낳았는데……
그냥 고향 여름 밤나무 그늘이라고 생각한다

나는 바닥이 편하다
그럴 때 나는 아직 대지(大地)의 소작(小作)이다
내 조상은 수백년이나 소를 길렀는데
그애는 재벌이 운영하는 대학에서
한국의 대 유럽 경제정책을 공부하거나
일하는 것보다는 부리는 걸 배운다
그애는 집으로 돌아오지 않을 것 같다

내가 우는 저를 업고

별하늘 아래서 불러준 노래나

내가 심은 아름드리 은행나무를 알겠는가

그래도 어떤 날은 서울에 눈이 온다고 문자메시지가 온다

그러면 그거 다 애비가 만들어 보낸 거니 그리 알라고 한다

모든 아버지는 촌스럽다

나는 그전에 서울 가면 인사동 여관에서 잤다

그러나 지금은 딸애의 원룸에 가 잔다

물론 거저는 아니다 자발적으로

아침에 숙박비 얼마를 낸다

나의 마지막 농사다

그리고 헤어지는 혜화역 4번 출구 앞에서

그애는 나를 안아준다 아빠 잘 가

_이상국, 「혜화역 4번 출구」 전문, 『뿔을 적시며』, 창비, 2012

강연에서 이 시를 보여드릴 때마다 많은 분들이 우셨어요. 어디도 슬프지 않은데 눈물이 나는 시입니다. 어떤 상황인지 짐작이 되시죠? 딸은 서울에서 대학을 다니고 있어요. 아버지는 그 딸을 찾아서 서울에 왔습니다. 딸이 사는 원룸에 들어와서 하룻밤 몸을

의탁해서 자는 거예요. 딸은 침대에 재우고 아버지는 바닥에서 잡니다. 바닥에 누운 아버지는 딸이 집으로 돌아오지 않을 것 같다는 생각을 합니다. 자신은 농사를 짓는 사람의 아들로 태어났는데, 딸은 대학에 보내서 공부를 시키고 있는 거예요. 딸의 공부, 딸을 키우는 것이 아버지의 마지막 농사인 거죠. 아버지는 딸을 보면서 과거의 기억을 떠올립니다. 이상국 시인과 딸의 이야기를 보고 있자면 우린 모두 내 아버지와 나와 내 자식을 떠올리게 됩니다.

이 시에서 대단한 사건은 없습니다. 아버지가 딸을 찾아가서 얼굴도 보고 그 집에 가서 좁은 방바닥에서 하룻밤 자고 아침에 책상 위에다가 돈을 조금 놓고 오고 혜화역 4번 출구 앞에서 잘 있어 딸, 잘 가 아빠, 이러고 헤어진 이야기예요. 그런데 굉장히 진실하고 깊이 있는 부성애가 느껴지죠.

여기에 어려운 이야기는 없습니다. 그런데 읽다 보면 떠오르는 비슷한 기억이 있잖아요. 그걸 문장으로 차곡차곡 풀어내세요. 그럼 에세이가 됩니다. 추억을 한 편의 산문으로 쓰는 것이 바로 에세이입니다. 써놓고 두고두고 읽으면서 헛헛한 마음을 달랠 수 있을 거예요. 반대로 내가 시를 쓰고 싶다? 그런데 좀 어렵다? 그러면 먼저 에세이 쓰기부터 도전하는 것도 방법입니다.

226

27

에세이 쓰기를 위한
마중물

어릴 때 제가 살던 집에는 펌프식 수도가 있었는데요, 펌프질을 해야 지하수가 올라왔습니다. 그 물로 세수도 하고 밥도 지었죠. 펌프가 잘 작동하려면 물을 한 바가지 부어줘야 했는데 이 물을 '마중물'이라고 합니다. 마중물은 펌프 아래에 있는 물을 끌어올리는 역할을 합니다. 우리의 에세이에도 과거의 기억을 끌어올릴 수 있는 마중물이 필요합니다.

에세이의 형식과 소재는 거의 무한대에 가깝고 너무나 자유분방합니다. 형식이 따로 없으니 오히려 글머리를 잡기가 어려울 수 있죠. 이럴 때 글의 기둥을 확보하고 시작하면 물꼬가 쉽게 트입니다. 글을 시작하게 해주는 첫 마디. 이것을 '마중물'이라고 말할 수 있죠. 그 마중물에는 어떤 것들이 있을까요?

▌ 마중물 1. 좋아하는 것과 싫어하는 것

여러분이 좋아하는 건 뭔가요? 왜 좋아하게 되었나요? 언제부터 좋아했나요? 음식, 작은 물건, 여행이나 산책 같은 행동, 장소, 사람 등 다양한 소재를 떠올려 보세요. 저는 딸 아이가 수학여행에서 사왔던 조그마한 열쇠고리를 5년째 갖고 있습니다. 조금 낡았지만 아직도 소중히 간직하고 있죠. 아이는 제게 선물한 걸 잊었을 수 있지만 저는 잊을 수가 없어요.

본인이 찾지 않았을 뿐, 여러분도 좋아하는 게 하나쯤 있을 겁니다. 그 좋아하는 것들을 가지고 내가 그걸 언제부터 좋아했는지, 왜 좋아했는지를 쓰세요. 좋아하는 것들이 모여 에세이가 되고, 에세이가 모이면 몰랐던 내 취향을 발견할 수 있습니다.

제가 인생 최초로 쓴 에세이의 제목은 「감꽃 부자의 자기소개서」입니다. 처음 써서 그런지 못난 글처럼 느껴져요. 그러나 제가 쓴 모든 에세이 중에 저는 이 글을 가장 사랑합니다. 제가 첫 에세이에서 쓰고 싶었던 것은 '내가 진실로 좋아하는 것'이었습니다. 여러분도 아시죠? 좋아하는 것을 좋아하는 삶이 얼마나 드문지를요. 그래서 가장 애틋한, 죽을 때까지 기억하고픈 좋은 것이 무엇일까를 생각하면서 세 가지를 뽑았습니다.

첫 번째로 쓴 것은 '감꽃'입니다. 저는 어렸을 때 커다란 감나무가 두 그루 있는 집에 살았어요. 집은 작고 누추했는데 감나무는 그렇게 위풍당당하고 멋있을 수가 없었죠. 감꽃이 피면 후두둑 후두둑 소리를 내며 떨어지는데 저는 하얗게 떨어진 감꽃을 꿰어 목걸이로 만들곤 했습니다. 아침 일찍 일어나서 아무도 밟지 않은 감꽃을 주우러 마당을 쏘다녔죠. 공부를 하러 집을 나와 서울로 왔을 때, 두고 온 감꽃이 나를 따라 왔다는 생각을 하며 버텼습니다.

제가 두 번째로 좋아하는 것은 곰팡이 냄새, 줄여서 '곰팡내'입니다. 아버지가 책을 쌓아 놓은 창고에 가면 항상 나던 냄새였어요. 저는 곰팡내를 좋아해서 책을 좋아하게 되었는지, 책이 좋아서 곰팡내를 좋아하게 되었는지, 아니면 아버지를 좋아해서 책과 곰팡내를 좋아하게 되었는지 모르겠습니다. 아무튼 그 냄새를 따라 책을 읽었고, 그 경험이 오늘날의 저를 만들었어요.

제가 마지막으로 좋아하는 것은 '거북 귀龜' 한자입니다. 제게 아버지가 이런 말씀을 하신 적이 있어요.

"거북 귀 한자는 참 쓰기가 어렵다. 어떤 학자는 이 글자를 잘 쓰려고 늘 연습을 한다고 해. 너는 이런 분들을 만나러 서울로 가렴."

저는 아버지의 말씀을 마음에 새겼고, 늘 '龜(거북 귀)' 쓰기를 연습하는 마음으로 공부를 하고 있습니다.

과거부터 있었고, 제가 가장 좋아하고, 지금의 저를 만든 세 가지를 썼더니 한 편의 에세이가 나왔습니다. 좋아해서 썼는데 쓰고 나니 제가 정말 이 세 가지를 좋아했다는 사실을 깨닫게 되었어요. 에세이를 쓰자 잃어버렸던 감꽃, 곰팡내, 거북 귀가 과거에서 돌아와 제 옆에 친구처럼 같이 있어 주는 느낌이 들었죠. 여러분도 에세이 쓰기를 통해 이런 경험을 할 수 있습니다.

좋아하는 게 있다면 싫어하는 것도 있습니다. 싫어하는 것도 좋은 마중물이 됩니다. 예를 들어 너무 힘들 때, 꾸역꾸역 어떤 음식을 먹어요. 그러다 대차게 체하면 다음부터는 그 음식만 봐도 너무 힘들었던 상황이 떠오르겠죠. 그걸 덮어두지 마세요. 내가 왜 힘들었던가, 이게 왜 싫었던가, 숨겨진 기억과 감정을 써보세요. 극복할 계기가 됩니다. 또는 예전엔 싫어했는데 지금은 싫지 않은 것도 있죠. 그 싫음이 나한테 어떤 생각이나 영향을 미쳤는지 생각해 보세요. 이런 것들이 모두 에세이의 좋은 소재가 됩니다.

▌마중물 2. 좋아하는 사람과 싫어하는 사람

앞서 좋아하는 것, 싫어하는 것을 말씀드렸는데 좋고 싫은 것 중에 제일은 사람이 아닐까요. 어떤 사람이 미워서 잠도 못 잔 경험 있으신가요? 어떤 사람이 너무 좋아서 설레서 잠 못 잤던 적은요?

어떤 의미에선 사람 이야기가 에세이의 기본입니다. 내 사람, 그때 그 사람, 독특했던 사람, 좋았던 사람, 미웠던 사람 등을 떠올려 보세요. 사람이 사람에게 큰 영향을 미치거든요. 예를 들어 볼까요. 피재현 시인의 「별이 빛나는 감나무 아래에서」라는 시를 소개해 드릴게요.

아버지는 가을이 깊어지면 감 따러 오라고
성화를 부렸다.
나는 감 따는 게 싫어 짜증을 냈다.

내가 얼마나 바쁜 사람인지 아느냐고
감 따위 따서 뭐 하냐고

아버지 돌아가시고 다시 가을이 왔을 때
엄마는 내게 말했다.
니 애비도 없는데 저 감은 따서 뭐 하나

나는 별이 빛나는 감나무 아래에서
톱을 내려놓고 오래도록 울었다.

_피재현, 「별이 빛나는 감나무 아래에서」 전문.
『원더우먼 윤채선』 수록, 걷는사람, 2020

이 시는 감나무에 대한 시가 아닙니다. 이건 아버지에 대한 시입니다. '아버지 생전에 좀 더 잘해 드릴걸'이라는 시인의 마음이 느껴집니다. 감 따는 거는 생각보다 어렵습니다. 잘못 따면 감이 바닥에 뚝 떨어져서 터지거든요. 그때 귀찮아도 아버지 계실 때 같이 해 드릴걸, 후회하지만 이제는 아버지가 없어서 감나무도 필요 없습니다. 아들은 아버지를 생각하면서 오래도록 울었겠죠.

짧은 시에 아주 깊은 감정이 들어 있습니다. 시인은 이 감정을 시로 썼지만 문장으로 길게 쓰면 에세이가 됩니다. 이렇듯 사랑하는 사람에 대해 써보는 건 에세이의 좋은 시작이에요. 쓰면서 사랑하는 사람을 다시 만나게 되잖아요.

▌마중물 3. 경험과 일화

여러분에게는 각자 기억에 남는 사건이 있을 거예요. 지금은 잊어버린 것 같아도 마음 깊은 곳엔 인생의 순간들이 가득합니다. 그 순간들이 오늘의 나를 만들었을지 모릅니다. 나를 굉장히 아프게 한 사건도 있지만 찬란하고 행복했던 과거도 있었을 테죠. 우리는 아주 사소한 사건에서 깨달음을 얻기도 합니다. 어쩌면 그 사건은 나의 기원전, 기원후를 나눌 만큼 중요한 사건이었을지도 모릅니다.

누군가 저에게 인생을 통털어 언제가 가장 분명히 기억나느냐고 묻는다면 첫 아이를 낳았을 때라고 대답하겠습니다. 불임을 겪다 어렵게 생긴 아이였습니다. 아이를 낳았을 때 의사 선생님이 제 배 위에 아이를 올려주셨어요. 피가 묻은 아이가 한쪽 눈만 뜨고 저를 바라보던 그 순간을 저는 아직도 잊을 수가 없습니다. 기억에 강하게 남았던 사건을 에세이로 쓴다면 굉장히 자연스러운 글이 나올 겁니다.

경험, 일화라고 하는 마중물은 에세이를 끄집어내고 탄생시키는 데 크게 기여합니다. 김광림 시인의 「갈등」이라는 시가 있습니다. 이 시에는 어떤 사연이 숨겨져 있는데 한번 읽어보겠습니다.

<hr />

빚 탄로가 난 아내를 데불고

고속버스

온천으로 간다

십팔 년 만에 새삼 돌아보는 아내

수척한 강산이여

그동안

내 자식들을

등꽃처럼 매달아 놓고

배배 꼬인 줄기

까칠한 아내여

헤어지자고 나선 마음 위에

덩굴처럼 얽혀드는

아내의 손발

싸늘한 인연이여

허탕을 치면

바라보라고

하늘이

저기 걸려 있다

그대 이 세상에 왜 왔지?

빚 갚으러

_김광림, 「갈등」 전문

아내가 빚을 진 게 탄로 나 남편이 알게 됩니다. 그래서 온천으로 마지막 이별 여행을 떠나는데 시인은 노년의 아내가 거칠고 메마른 육신을 가지고 있는 사람이라는 것을 발견하게 되었어요. 헤어지자고 나선 마음 위에 덩굴처럼 얽혀드는 아내의 손발을 보니 내가 지금까지 참 고생시켰구나 싶은 거죠. 여행을 시작할 때만 해도 아내가 너무 원망스러웠을 수 있어요. 마지막 여행을 다녀와서는 헤어지겠다고 생각했겠죠. 그런데 막상 아내의 거친 손발을 발견하면서 그 마음을 내려놓게 됩니다. 아내가 진 그 빚을 나도 같이 갚아야겠다, 나는 아내한테 이미 빚을 졌으니까, 빚을 갚으며 함께 살겠다는 겁니다. 아내와의 뒷이야기, 아내와의 여행 이야기, 그 여행에서 깨달았던 생각을 적으면 한 편의 에세이가 될 수 있습니다.

▎마중물 4. 어떤 글의 구절

네 번째 마중물은 어떤 글이나 말의 일부입니다. 비록 남의 이야기지만 다른 시, 소설, 수필 속의 어떤 구절을 따다가 댓글을 달듯 내 이야기를 연결할 수 있습니다.

어떤 말은 사람을 살리기도 하고, 어떤 말은 사람을 죽이기도 합니다. 내 심장에 꽂힌 누군가의 말은 좋은 에세이의 재료가 될 수 있습니다. 그 사람은 기억을 못 할 수도 있지만 나한테는 오래 남아 있는 어떤 말이 여러분에게도 있을까요. 여기 한 시인에게는 있었습니다. 서정춘 시인은 「30년 전-1959년의 겨울」이라는 시에 이렇게 썼습니다.

어리고, 배고픈 자식이 고향을 떴다

_ 아가, 애비 말 잊지 마라
가서 배불리 먹고 사는 곳
그곳이 고향이란다

_서정춘, 「30년 전-1959년의 겨울」 전문, 『죽편』 수록, 황금알, 2016

저는 이 시를 서울역 지하철 승강장에서 봤습니다. 서울역은 많은 사람들이 떠나고 돌아오는 곳이죠. 그곳에 이 시가 있다는 게 운명처럼 느껴졌습니다. 시인이 바로 어리고 배고팠던 자식입니다. 자식이 고향을 뜨는데 아버지는 줄 게 없어서 대신 말을 줍니다.

'가서 배불리 먹고 사는 곳, 그곳이 고향이란다.'

이 말을 하는 아버지는 얼마나 가슴이 아팠을까요? 여기서는 배곯으니까 다른 데 가서 배불리 먹고 살라는 얘기거든요. 어디 가서든 자식이 배부르고 등 따숩게 살았으면 좋겠다는 가난한 아버지의 마음이 담겨 있습니다. 시인은 이 말을 붙들고 살았을 겁니다. 시인이 힘들었을 때마다 이 말이 구원투수처럼 나타나서 시인을 건져줬을 수도 있습니다. 여러분에게는 어떤 말이 있나요. 그런 이야기들을 쓰면 한 편이 아니라 여러 편의 에세이가 나올 수도 있습니다.

▌마중물 5. 상실과 아픔

앞에서 소개해 드린 마중물도 다 좋은 소재가 되지만 그중에서 제일 힘이 센 것은 아픔과 상실입니다. 병이 들어 절망할 때, 소중한 사람을 잃었을 때, 청춘을 잃었을 때, 사람들은 뭐든, 어떻게든 이를 표현하고 싶어합니다. 예술가들이 어떤 아픔이나 역경을 겪은 후에 걸작을 남기는 것처럼, 소나무에 생긴 상처에서 송진이 나오듯, 뭔가 말하고 싶고, 토해내고 싶은 마음이 우리에게 있는 것 같습니다. 그 아픔과 상실을 어루만지는 글도 에세이가 됩니다.

이어령 선생님의 「헌팅턴비치에 가면 네가 있을까」라는 시를 소개해 드립니다. 너무나 가슴이 아픈 시인데요, 이어령 선생님이 남긴 마지막 시집의 마지막 페이지에 적혀 있는 시입니다. 작고하시기 전 먼저 세상을 떠난 딸을 생각하며 쓴 시입니다.

헌팅턴비치에 가면 네가 살던 집이 있을까

네가 돌아와 차고 문을 열던 소리를 들을 수 있을까

네가 운전하며 달리던 가로수 길이 거기 있을까

네가 없어도 바다로 내려가던 하얀 언덕길이 거기 있을까

바람처럼 스쳐간 흑인 소년의 자전거 바큇살이

아침 햇살에 빛나고 있을까

헌팅턴비치에 가면 네가 있을까

아침마다 작은 갯벌에 오던 바닷새들이 거기에 있을까.

_이어령, 「헌팅턴비치에 가면 네가 있을까」 전문,
『헌팅턴비치에 가면 네가 있을까』 수록, 열림원, 2022

헌팅턴비치에 가도 딸은 없겠죠. 딸이 없기 때문에 거기 모든 것이 다 잿빛이 되었습니다. 무엇이 있든 아무 의미가 없습니다. 딸을 너무 사랑한다는 얘기입니다. 이 작품이 마지막 시집의 마

지막 페이지에 있다는 것이 저는 참 가슴이 아팠습니다. 여러분에게는 어떤 아픔이 있을까요. 시리게 바라보았던 풍경이 있습니까. 쓰라린 상실의 아픔을 기억하십니까. 그 기억을 글로 쓰세요. 나의 아픔을 글에 옮기세요. 그 과정에서 조금씩 앞으로 나아갈 수도 있습니다.

시간이 지나면 상처가 낫고 아픔이 없어지고 나아진다고도 하지만 이렇게 글을 써서 내 상처와 마주 보는 행동을 할 때 조금 더 조금 더 빨리, 조금 덜 아프게 되는 것 같습니다. 지금 인생의 아픔을 겪고 있다면 에세이를 써보세요. 아픔과 상실을 다독이는 시간이 될 겁니다.

28

에세이를
좀 더 잘 쓰기 위한 꿀팁

▌격물치지의 마음으로

에세이의 작법은 '격물치지格物致知'의 원리와 비슷합니다. 격물치지란, 아주 구체적으로 사물을 들여다보며 추상적인 의미와 이치를 얻는다는 뜻입니다. 제가 앞서 마중물로 제시했던 좋아하는 것과 싫어하는 것, 사람, 경험이나 기억, 다른 사람이 쓴 글이나 한 말 등이 바로 구체적인 것들이죠. 이렇게 구체적인 것들을 먼저 세워놓고 그 뒤에 의미, 생각 등을 정리해 붙이는 겁니다.

에세이를 쓸 때는 추상적이고 모호한 감정에 큰 지분을 주어서는 안 됩니다. 그 앞에는 사람이든 사물이든 어떤 일화나 사건이든 구체적인 무엇인가가 반드시 등장해서 중심을 잡아줘야 합니다. 추상적으로 모호하게 끝나는 게 에세이의 목적이 아니기 때문이죠.

▌ '그런데 가만히 생각해 보면'

에세이의 묘미는 쓰면서 이루어지는 새로운 해석입니다. 에세이를 쓸 때는 사고의 전환이 이루어집니다. 에세이는 당연했던 것에 의문을 가져 보는 시간입니다. 남들이 알려주는 의미에서 벗어나 진정한 나만의 의미를 찾자는 겁니다.

이때 '그런데 가만히 생각해 보면'이라고 쓰고 잠깐 멈추세요. 남들이 시끄럽게 떠드는 소리에 끌려다니는 게 아니라, 잠깐 멈춰서 내 마음에 귀를 기울이면 나의 인생과 삶과 사건에 대한 해석의 실마리가 보입니다.

한 가지 더, '그럼에도 불구하고'라는 표현을 의도적으로 에세이에 넣어보세요. 다른 사람들이 어떻게 생각하든, 그럼에도 불구하고 나는 이렇게 생각한다고 쓰세요. 그 표현 뒤에는 나만의 가치관을 자연스럽게 이어쓰기 좋거든요.

쓰는 존재로서의 자신을 발견하자

강의를 다니다 보면 에세이를 쓰고 싶어 하는 분을 많이 만납니다. 퇴직 이후에도 삶을 꾸려나가야 하는데 지금까지의 삶에 대한 정리 없이는 나아가지 못할 것 같아서 에세이를 쓰고 싶다는 분도 계셨고, 글 쓰는 것 자체가 기쁨이고 행복이라는 분들도 계셨습니다. 반면 에세이를 쓰는 것에 의문을 갖고 계신 분도 있었습니다. 에세이를 쓰는 건 나만의 자기만족 아니냐, 다른 사람한테 보여주지도 않을 거고 원고 청탁을 받을 일도 없는데 왜 쓰냐고 질문하는 분도 계셨습니다.

그런데 일단 써보시면 아실 겁니다. 과정 자체가 힐링이 된다는 사실을요. 에세이를 쓰는 시간은 감정의 디톡스 시간이 됩니다. 에세이를 쓰면서 나를 조금 더 사랑하게 되고 이해하게 됩니다. 타인에게 보여주어야만 글입니까. 가장 소중한 내가 볼 건데요. 그러니 쓰는 것 자체로도 충분한 기쁨을 느끼실 거예요. 조금 더 열심히 쓰면 책으로 출간도 가능합니다. 요즘은 대량 생산만 하는 게 아니라 책 한 권만 출간해 주는 업체도 많거든요.

처음 에세이를 썼을 때 만족스럽지 않더라도, 너무 못났더라도 지우지 말고 나의 비밀 폴더에 살포시 넣어두세요. 어렸을 적 보물들을 상자에 담아뒀던 것처럼 일단 담아두세요. 넣고 닫아버려도 그 글은 내 안 어딘가에서 자라고 있습니다.

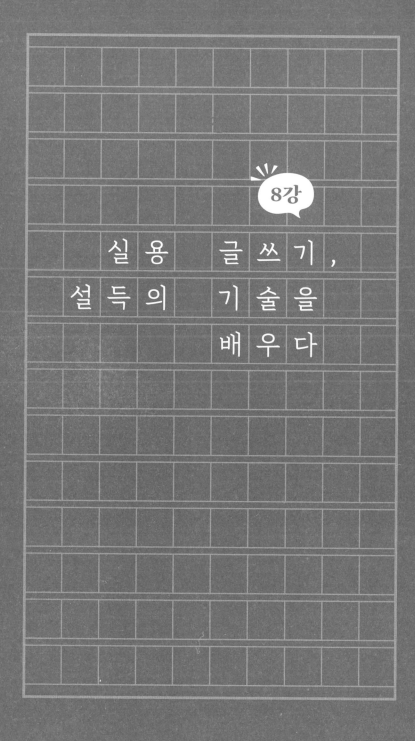

8강

실용 글쓰기,
설득의 기술을
배우다

8강을 시작하며

글을 쓰는 조건은 다음의 세 가지로 나뉩니다. 첫 번째는 내가 쓰고 싶은 것을 쓰는 겁니다. 두 번째는 내가 쓸 수 있는 것을 쓰는 거예요. 세 번째는 내가 써야만 하는 걸 쓰는 겁니다. 이 세 가지가 모두 충족될 때 좋은 글이 나올 가능성이 커져요.

그런데 항상 이 세 가지 조건이 다 구비될 수는 없습니다. 우리는 이 세 가지 조건 중에서 무엇부터 챙겨야 할까요? 개인적으로는 쓰고 싶은 것을 찾아야죠. 사회적으로는 써야 하는 것을 파악해야 하고요, 현실적으로는 쓸 수 있는 것을 찾아와야죠.

특히 사회인으로 살다 보면 쓰기 싫은데도 써야 하는 경우가 있잖아요. 내가 원하든 원하지 않든 잘 써야 하는 글들이 꼭 있죠. 이런 글은 쓸 때는 힘듭니다. 그렇지만 써야 업무를 하고, 독립된 사회인이 된다면 안 배울 수 없어요. 사회 안에 나의 역할을 공고해 주기 때문에 다 배우고, 쓰고 나면 굉장히 뿌듯해요. 게다가 이런 글은 어떤 성과나 합격 같은 좋은 결과로 이어지기도 합니다.

이번 강에서는 실용 글쓰기와 말하기에 대해 말씀드리려고 합니다. 자기소개서 쓰는 법, 메일 쓰는 법, 피피티 만들기와 발표하기까지 우리가 일상에서 자주 하는 것들을 잘하는 법을 이번 강에서 배워보겠습니다.

29

누구나 한 번쯤
자기소개서를 쓸 때가 있다

▌ 내적 자기소개서와 사회적 자기소개서

학생들의 자기소개서(이하 자소서)를 읽으면 그 유사성에 놀라게 됩니다. 어쩜 그렇게 비슷한 형식이 나오는지요. 예를 들자면 이런 거죠. '저는 충청남도 공주에서 일남일녀의 막내로 태어났습니다. 엄격하신 아버지와 자애로운 어머니 밑에서 자랐고요. 저의 취미는 독서와 영화 감상입니다.' 엄격한 아버지와 자애로운 어머니라는 표현은 자소서의 전형적 표현입니다. 그리고 취미는 독서, 영화 감상, 피아노 등등에 국한됩니다. 비슷비슷하죠. 잘 쓴 자기소개서라고 볼 수 없습니다.

자소서 쓰기는 난감합니다. 나는 나를 잘 모르는데, 아직 업적도 적은데 대체 뭘 써야 할까요. 만약 과제나 제출용으로 자소서를 써야 한다면 목표 설정을 분명히 해야 합니다. 바로 '나는 지금 어떤 스타일의 자소서를 쓰려고 하는가'입니다.

예를 들어 인문학적인 자소서, 조금은 말랑말랑하고 쓰고 싶은 속내를 써도 되는 자소서가 있습니다. 학교에서 글쓰기 연습용으로 자소서를 쓸 때, 나를 다른 대상에서 비유해서 소개하라는 과제를 낸 적이 있습니다. 자신을 돌이나 달팽이에 비유한 학생도 있고, 파타고니아 초원의 양이라고 한 학생도 있습니다. 이렇게 비유할 수 있는 대상에 나를 견주어 쓰는 것은 내용과 형식이 자유로운 자소서입니다. 자신의 내밀한 내적 상황을 쓰는 것이기에 내적 자소서라고 할 수 있죠. 이런 문학적인 글쓰기는 나만을 위한 자소서가 됩니다.

그런데 살다 보면 내가 쓰고 싶은 '내적 자소서'만 쓸 수 없습니다. 외부에 제출할 용도로 써야 하는 경우가 더 많죠. 이럴 땐 내가 앞으로 무엇을 할 수 있는지, 능력을 어필하는 방향으로 써야 합니다. 대외용 자소서는 암묵적으로 읽는 사람을 배려하는 사회적 글쓰기입니다. 내적 자소서가 내가 되고 싶은 것, 하고 싶은 것, 이루고 싶은 소망을 쓰는 자소서라면 대외용인 사회적 자소서는 내가 이미 거쳐온 것(이력), 이룬 것(성과), 할 수 있는 것(능력), 즉 소망이 아닌 개인의 능력을 써야 합니다. 취업을 위한 자소서를 쓸 때 '이곳에 취직을 하고 싶습니다'라고 소망을 쓰는 건 중요하지 않습니다. 무엇을 할 수 있는지 무엇을 해왔는지를 써야 하죠.

모든 글쓰기는 독자를 배려해야 합니다. 글쓰기에 단 하나의 목표가 있다면 그것은 타자와의 소통이 되어야 하죠. 그 타자가 나 자신일 때는 나 자신을 위한 글을 쓰는 것이고, 사회적인 자소서처럼 다른 사람을 위한 글이라면 그 사람과의 원활한 소통을 글쓰기의 목표로 삼아야 해요. 꼭 명심할 것은 사회적 자기소개서의 목표는 이 글을 보는 타자를 배려해야 하고, 고려해야 하고, 그 사람과의 소통을 목적으로 해야 한다는 겁니다.

▍상대가 원하는 것을 파악하라

그렇다면 자소서는 어떻게 잘 쓸 수 있을까요? 자소서는 이력서와 다릅니다. 이력서는 사실을 기술하는 일종의 설명문입니다. 그런데 자소서는 설명이 아니라 논증이에요. '인재를 찾고 있나요? 일할 사람을 찾고 있나요? 당신이 찾고 있는 사람이 바로 납니다'라는 주제문을 논증하는 논설문이죠. 핵심은 설득입니다. 어떤 게 설득이 잘 될까요? 너무 번지르르하거나 자신감이 없는 글로는 설득되기가 어려워요. 설득에는 적절한 논거가 필요합니다.

자소서 쓰기의 첫 번째 팁은 '지피지기 백전불패'입니다. 내가 누군가를 설득하기 위해서는 그 누군가를 잘 알아야 하는 거죠. 상대가 뭘 원하는지 알고 쓰는 것이 자소서의 핵심입니다. 예를 들어 식당 서비스직에 지원할 때 내가 왕년에 어디 고위직이었다는 점이 도움이 될까요? 현장의 기술직을 뽑고 있는데 예전에 내가 영화 홍보 마케팅을 많이 했다는 말이 도움이 될까요? 나의 경력 중에서도 상대가 필요로 하는 조건에 맞게 선별해서 보여줘야 합니다.

A라는 회사에 입사하길 원한다면 그 회사가 요구하는 인재상을 사전 조사해야 합니다. 기업 모토나 슬로건, 창업주가 무엇을 하고자 했는지 아는 것이죠. 아부하라는 게 아니에요. 비즈니스 미팅을 할 때 상대에 대해 기본적으로 조사를 하고 만나러 가는 것이 미팅의 예의인 것처럼 자소서 역시 그렇다는 겁니다.

▌미리 경험을 쌓아두자

취업을 위해, 혹은 장학회에 내야 하는 자소서를 도와달라며 저에게 찾아오는 학생들이 있습니다. 아무리 급해도 제가 대신 써줄 수는 없잖아요. 이때는 물꼬를 터주는 게 최선이죠. 그래서 저는 학생들에게 이렇게 물어봅니다.

"자소서 작성 조건을 보면, 이러이러한 항목을 구체적으로 쓰라고 하는데 이것과 관련해서 어떤 경험이 있어요?"

대개는 경험이 없다고 합니다. 협동이나 사회적인 프로젝트 경험을 중시하는 회사에 지원하고 싶은데, 관련된 이력이 떠오르지 않는다? 이러면 쓰기가 어렵습니다. 반면 쓸 게 너무 많은 것도 탈이 됩니다. 한때 스펙 쌓기가 과열되면서 아프리카에서 우물도 파고, 봉사활동도 하고, 토플 점수도 만점받고, 외국 어학연수도 다녀오는 등 화려한 경력을 경쟁적으로 쌓던 시절이 있었습니다. 하지만 뽑는 사람의 입장에선 지나치게 화려한 이력도 조금 이상해 보일 수 있습니다. '인생을 고작 22년밖에 안 살았는데 벌써 이렇게 많은 것을 해냈다고? 다 진실일까?' 오히려 진정성이 떨어질 수 있죠.

그렇지만 개인적으로 하는 활동이든 사람들하고 모여서 하는 활동이든 직접 경험한 다양한 활동은 자소서를 쓸 때 유리하게 작용합니다. 한 학생이 경영기획부에 입사 원서를 썼다고 가정해 봅시다. 이 학생은 단과대학 전체 동아리의 회장으로 활동하면서 리더의 자리를 경험했습니다. 이는 회사에서 다양한 사람들과 협력하는 데 분명히 도움이 되겠죠. 이렇게 실제로 했던 대외적인 활동이 입사할 때 자신을 어필할 수 있는 포인트가 됩니다. 구체적으로는 이런 문장이 좋습니다. '저는 동아리를 지원해 주는 공모 사업을 찾아서 지원금을 받을 수 있었습니다.' 적극적으로 단체를 찾아서 프로젝트를 만들어서 성과를 얻었다는 점을 어필한 거죠.

이런 점이 자소서에서 눈에 확 띄는 부분이에요.

적극적으로 뭔가를 찾아 나선다는 것은 인재를 등용하려는 입장에서 굉장히 긍정적인 시그널로 읽힙니다. 그렇기에 나의 적극성을 보여주고 싶다면 유명하고 대단한 스펙이 아니더라도 다양한 활동을 쌓아놓는 게 좋습니다.

▌생애 전반에서 장점을 찾아라

지원 동기에 딱 맞는 맞춤형 경험을 준비하는 것은 쉬운 일이 아닙니다. "저는 내세울 만한 경험이 없는데요?"라고 저를 찾아오는 학생들도 많습니다. 사실은 이런 경우가 오히려 흔하죠.

맞춤형 인재만 뽑히는 것은 아닙니다. 우리는 평범한 생애 전반에서 무슨 활동인가를 분명히 했습니다. 그중에서 어필할 수 있는 뭔가를 찾아내야 합니다. 뭔가를 찾아내서 당당하게 제시하는 겁니다. 특별한 활동이 적다면 평범한 활동에 적극적으로 의미부여를 해보세요. 그중에서 실패를 딛고 이겨낸 사례가 있다면 더 좋습니다.

여러분이 CEO라면 어떤 사람을 뽑고 싶은지를 생각해 보세요. 저라면 우선 몸과 마음이 건강한 사람이 좋을 것 같습니다. 뽑아놨는데 맨날 '몸이 아파요, 상처 받았어요' 이러면 힘들거든요.

몸과 마음이 건강한 사람, 씩씩한 사람, 뭔가 많이 하진 않았지만 미래에 성공할 가능성이 높아 보이는 성실하고 똘똘한 사람을 뽑을 것 같습니다. 그러니 자신의 가능성과 건강함, 마음의 체력과 육체의 체력을 어필하면 참 좋습니다. 사실 취업도 다 사람 사는 일이거든요. 사람들이 보편적으로 생각하는 인재란 누구일까를 스스로 떠올려보면 좋을 거 같습니다.

어떤 학생이 자기의 성장 환경을 담은 자소서를 썼습니다. 어렸을 때부터 결과보다 열심히 하는 태도를 응원받았다고 합니다. 면접관이 이런 점을 보면 이 지원자는 평범한 유년 시절을 보냈지만 열심히 하는 게 중요하다는 걸 알고 있으니 앞으로 더 잘할 수 있다는 가능성을 감지할 것 같아요. 저라면 실패할 것 같아도 겁먹지 않고 도전하는 직원과 같이 일하겠습니다.

또 누군가는 고교 시절 아버지를 따라 갑자기 낯선 곳으로 전학을 가게 되었지만 꿋꿋이 노력해서 장학금을 받고 대학을 갔다고 합니다. 이런 끈기가 우리 회사에 필요하다고 생각하는 인사팀장도 있겠죠. 회사에 들어오면 일을 새로 다시 배웁니다. <미생>이라는 드라마에도 나와 있잖아요. 용어도, 상하관계 조직도, 품의서도 새로 배워야 하죠. '일을 하다 보면 낯선 곳에 떨어지게 될 텐데 그럼에도 꿋꿋이 노력해서 자리를 잘 잡는 신입사원이 되겠군!' 제가 회사 대표라면 이런 생각을 할 것 같아요.

평범한 환경에서 자랐어도 충분히 어필할 수 있는 부분을 끄집어낼 수 있습니다. 인생의 고난에 크게 좌절하는 편이 아니라고 말하며 그것과 관련한 경험을 자소서에 썼다면 회사 입장에서는 여러분을 씩씩하고 도전적인 성격이라고 생각할 겁니다. 신입사원이나 경력직이나 새로운 사람을 뽑는다는 것은 같은 조직에서 같은 눈높이에서 어깨를 나란히 하고 일할 동료를 뽑는다는 거예요. 그렇기 때문에 같이 일하기 좋을 사람을 뽑는 거죠.

환경이 어떻든 목표를 향해 나아가는 꾸준함이 있다고 생각되는 사람은 어떨까요? 사실 꾸준함은 굉장히 평이한 장점입니다. 그렇지만 꾸준함을 강조하는 자소서는 그것을 중요한 덕목이라고 생각하는 인사담당자의 마음을 움직일 수 있습니다. 무엇보다 중요한 건 설득하는 겁니다. 특별한 경험이 있으면 더 좋겠지만, 그 특별한 경험을 학교생활, 실제 수업에서도 찾을 수 있어요. 어마어마한 특별함이 아니어도 괜찮다는 겁니다.

'저는 대학 수업에서 다양한 팀 프로젝트를 경험했습니다. 전공 특성상 조별 팀플이 굉장히 많았습니다. 처음 만나 서로 의견 차이가 많은 타인들이 하나의 의견으로 나아가는 과정의 중요성을 배웠습니다. 특히 저는 이러이러한 참여를 통해 팀 내 기여도를 높였습니다.'

이런 이야기를 하는 사람은 어떨까요? 사실 이 친구는 뭔가 좀 알고 있는 거예요. 조직 사회에 들어가면 혼자서 일하는 경우가 별로 없습니다. 드라마를 보면 팀장님이 꼭 나오잖아요. 팀장님이 있다는 것은 팀이 있다는 얘기죠. 회사에 가면 회의실1, 회의실2 등 회의실이 많습니다. 그만큼 회의를 많이 한다는 거죠. 회의에 들어가면 상대방하고 이야기를 나누며 아이디어를 짜내야 합니다. 서로 소통하고 성과를 내는 것. 그게 팀장이 바라는 바입니다.

회사 입장에선 상호 소통이 원활하고 무엇인가 만들어 나가려는 지원자에게 매력을 느낍니다. 다른 관점을 가진 사람들하고도 일해 봤고 이를 통해 기여도를 높였다는 것을 들으면 같이 일하고 싶다고 탐내지 않을까요.

평범하게 자랐다면 성장 환경, 본인의 성격, 학교생활이나 수업 시간에 들었던 것, 다시 말해서 나의 모든 과거를 다 동원해서 그 안에서 지원 동기와 장점을 찾아야 합니다. 똑같이 평범한 삶을 살아왔어도 그 안에서 장점을 발견하는 사람과 장점을 발견하지 못하는 사람 사이에 자신감 차이가 있는 거예요. 여기에 특별한 에피소드가 있다면 금상첨화겠죠. 하지만 그러한 특별한 경험은 학교생활이나 수업에서도 충분히 찾을 수 있습니다.

▌책에서 소재를 구하라

다음에 소개해 드리는 팁은 자소서로 벼랑 끝에 몰린 사람들이 꿀팁으로 삼을 만한 내용입니다.

"선생님, 저는 정말 정말 쓸 게 없어요. 인생을 아무리 돌아봐도 아무것도 없어요."

이런 경우 당장 책을 구해 읽으세요. 내가 들어가고 싶은 회사와 조금이라도 관련 있는 책이면 더 좋겠죠. 열심히 읽고 그 책 이야기를 자소서에 녹여 쓰면 됩니다. 예를 하나 들어 볼까요? 의학도가 되고 싶은 학생이 자신이 읽었던 책과 자소서를 연결시킨 사례입니다.

'저는 책에서 삶의 자세와 덕목을 배우곤 합니다. 여러 인생 책이 있지만 그중에서 『아내를 모자로 착각한 남자』를 매우 감명 깊게 읽었습니다. 이 책을 쓴 저자는 올리버 색스라는 신경과 전문의인데 전문의 시절 접했던 환자들에 대한 이야기를 하고 있습니다. 이 책을 통해 저는 신경정신과의 현장을 짐작해 볼 수 있었습니다. 정보도 중요하지만, 환자와의 공감이라는 점에서 이 책은 더 의미 있었습니다. 병으로 인한 증상만이 아닌 환자하고 의사와의 경험과 교감에 중점을 둔 사례들을 보면서 저는 어떤 의학도가 되어야 하는지 알게 되었습니다.'

어떤가요? 학생인데 실제 의료 현장에 대해서 관심을 갖고 있다는 게 보입니다. 다시 말해서 나는 스킬이나 기술적인 부분에만 치중하는 게 아니라 환자와 인간적으로 공감하는 태도를 가진 준비된 사람이라는 점을 어필하는 거죠.

자기 전공과 딱 맞지 않더라도 내 인생의 어떤 자세를 책을 통해 배웠다는 서술은 자소서의 내용을 풍성하게 만듭니다. 기사나 논문을 쓸 때도 논거가 필요하잖아요. 논거는 사실에서 가져오기도 하지만 다른 사람의 저서에서 끌어오기도 합니다. 이런 것을 의견 논거라고 합니다. 기억하세요. 자소서에는 내가 살아온 인생 경험뿐만 아니라 책을 읽으면서 얻었던 생각과 가치를 쓸 수 있습니다.

▍작은 것을 크게 부풀리지 않을 것

'세상에서 내가 제일 잘났어!'라는 마음으로 자소서를 쓰는 사람도 있습니다. 너무 과장해서 진솔하지 않다는 생각이 들 정도로 번들번들한 느낌을 주는 자소서도 있어요. 좋은 부분을 자소서에 녹여 쓰는 것이 팁이긴 하지만 어떤 한 코스를 이수했거나 수료했는데 마치 졸업을 한 것처럼 표현했다거나, 외국에 한 달 다녀왔는데 몇 년씩 있었던 것처럼 꾸민다든가, 패키지 여행을 다녀왔는데 고된 배낭여행을 다녀온 것처럼 쓰는 것은 피해야 합니다. 약간만 부풀렸으니 모를 거라고 생각하지만, 다 걸립니다. 실제 면접에서 조금만 얘기를 나눠봐도 바로 들통나거든요. 회사 인사담당자들은 자소서 감별사입니다. 보는 게 전문이기 때문에 그냥 보면 보인다고 해요.

스스로를 속이지 마세요. 경력을 과대 포장하면 뽑아줄 거라고 생각하지 마세요. 과자 봉지 안에 질소가 들어있는 사실을 우리는 다 알고 있죠? 흔들어서 소리 들어보면 얼마나 차 있는지 다 압니다. 인사담당자는 전문가예요. 본인 스스로에게 진솔한 자소서가 남한테도 진솔하게 읽힙니다.

▎추상적인 단어 대신 구체적 사례로

자소서를 쓰다 보면 한 페이지를 꽉 채우거나 두 번째 페이지로 넘어갈 수 있습니다. 이때 문장의 길이가 길고 문단이 나뉘어있지 않으면 잘 안 읽힙니다. 인사담당자는 내 글만 보는 게 아니라 100명, 200명 걸 읽잖아요. 가독성이 있게 써야 합니다. 문단별로 위에다 작은 소제목을 달아주는 것도 방법입니다. 예를 들어 이렇게요.

'경험하는 콘텐츠를 만드는 적극성'

'직구 열풍을 극복하는 마케팅의 4번 타자'

자서전처럼 무조건 많이 쓴 자소서는 읽는 인사담당자를 괴롭힐 뿐입니다. 문단별로 깔끔하게 나눠주세요. 문단 구분을 명확히 해주시고 그 문단 위에 간단하게 소제목을 달아주세요. 가독성이 없는 글은 '나는 많이 쓸 테니 네가 알아서 읽으라'는 거고, 이건 예의 있는 행동이 아닙니다.

추상적인 단어도 줄여야 합니다. 대표적으로 도전, 열정, 소통, 배려, 노력, 경청, 적극 등의 단어인데, 마법의 단어처럼 자소서에 정말 많이 나옵니다. 나쁜 단어는 아니죠. 다 좋은 단어예요. 그런데 나 외에도 다른 99명이 이미 쓴 단어입니다.

추상적인 단어는 눈에 띄지 않습니다. 이런 단어를 쓰면 안 된다는 말은 아닙니다. 선별해서 몇 개만 쓰시고, 썼다면 구체적인 사례나 예시를 함께 써주세요.

'저는 열정적으로 일하겠습니다.' 이런 말을 누가 믿겠습니까? 구호가 아니라 실제 고유명사를 동원해서 사례를 제시하세요. 내가 뭘 했어, 내가 뭘 할 수 있어, 내가 무엇을 보았어, 이렇게 구체적으로 써야 잘 읽힙니다. 잘 읽혀야 읽는 사람의 머리에서도 그 사람의 이미지가 잘 그려집니다. 좋은 단어를 다 걷어내라는 것이 아니라 구체적인 상황과 접목을 시키라는 거죠.

▎ 가독성을 살리며 정성껏 쓰자

마지막으로 조금 어려운 팁일 수 있는데, 글은 최대한 매끄럽게 쓰는 게 좋습니다. 처음부터 글을 잘 쓰는 사람은 드뭅니다. 그렇다면 최대한 수정하고 다시 쓰는 퇴고의 과정을 통해 매끄럽게 읽히도록 노력해야 합니다. 글을 매끄럽게 잘 쓴다는 건 아주 중요해요. 이건 업무 능력이 있다는 것을 의미합니다. 회사에서는 대부분 문서로 소통합니다. 내가 한 이야기, 내가 한 업무를 문서로 다른 사람한테 넘기고 그 정보를 보관하고 3년 후에 다른 사람이 오면 그 사람한테 인수인계합니다. 잘 쓴 자소서를 보면 이 지원자가 다른 문서도 잘 쓸 거라는 기대감이 생깁니다.

매끄럽게 글을 쓰는 것과 번지르르하게 쓰는 것은 분명 다릅니다. 자소서는 여러분의 표현 능력과 센스를 보는 수단입니다. 그리고 정성스러움도 봅니다. 자소서의 특징을 알고 짜임새 있게 조직했다는 사실을 구조와 문단에서 보여줘야 해요. 인사담당자는 글을 보면서 조직 생활을 잘할 친구인지, 논리적인 친구인지, 핵심을 잘 파악하는 친구인지 알 수 있습니다. 모든 글은 주인의 성격을 드러냅니다. 최대한 정성을 들여서 쓰면 분명 이로운 점이 있을 겁니다.

▌퇴고를 반드시 해야 하는 이유

제가 학생들 리포트를 채점할 때 제일 싫은 게 뭔지 아세요? 바로 오타입니다. 몰라서 틀렸다기보다 너무 빨리 글자를 입력하는 바람에 생긴 오타입니다. 한마디로, 퇴고를 안 한 글이죠. 이런 오타가 있으면 아무리 잘 쓴 글이라도 신뢰가 무너집니다.

자소서도 마찬가지예요. 오타가 있는지 꼭 확인하셔야 해요. 오타보다 더 심각한 실수도 있습니다. 회사 이름을 잘못 쓰는 겁니다. 설마 그런 사람이 있냐고요? 있습니다. 저도 비슷한 경험을 종종 합니다. 제 이름이 나민애인데 학생들이 제 이름을 나인애, 나민예 등으로 바꿔 메일을 보내는 경우가 종종 있습니다. 메일을 다 읽기도 전에 기대감이 와장창 깨져요.

어떤 학생이 A전자에 자소서를 넣었어요. 꼭 다니고 싶다는 말을 강조하기 위해 여러 가지 일화를 썼는데 '저희 아버지께서는 예전부터 B전자제품만 쓰셨습니다, 그래서 우리 집은 예전부터 백색가전은 B라고 생각했습니다'라고 썼다면 어떨까요? 수많은 회사에 원서를 넣었고, 회사 이름만 바꾸다가 이런 실수를 하게 되었다고 생각하겠죠. 안 뽑고 싶을 거예요. 그러니까 자소서를 쓴 다음에는 처음부터 꼼꼼히 읽어보는 퇴고를 꼭 하시길 바랍니다.

30

매일 쓰는 메일
어떻게 써야 할까?

▌업무의 시작은 메일 쓰기

여러분이 자소서를 잘 써서 취업까지 했다면 그 이후 매일 하게
될 일은 무엇일까요? 의외로 출근이 아닙니다. 재택근무도 있으
니까요. 업무의 모든 시작은 바로 메일 쓰기입니다. 사소한 작업
이라고 여길 수도 있지만 정말 중요한 글쓰기죠.

메일에도 사적 메일과 공적 메일이 있습니다. 사적 메일은 내
용을 오해받지 않고 효과적으로 전달하는 것이 주된 목표입니다.
감정을 전달하기도 하죠. 그런데 공적 메일에는 일종의 규칙이 있
습니다. 정해진 형식이 있어요. 아무리 친한 사이라고 해도, 아무

리 오래 본 사이라고 해도 공적 메일을 쓸 때는 이 규칙을 지켜야 합니다.

예를 들어 제가 어느 방송국 작가님과 언니 동생 사이로 친해졌어요. 카톡에서는 '언니'라고 부를 수 있죠. 하지만 공적으로 업무 메일을 보낼 땐 누구누구 작가님께, 누구누구 선생님께라고 씁니다. '언니, 반가워. 이것 좀 봐줘' 이렇게는 안 씁니다.

저는 지도교수님과 메일을 주고받은 지 25년째입니다. 25년이면 친해질 만큼 친해졌죠. 그런데 그래도 교수님께 메일을 보낼 때는 형식을 갖춰서 씁니다. 우리 교수님은 25년 동안 제 메일을 받아보셨기 때문에 메일 주소만 봐도 저인 줄 아세요. 그렇지만 '선생님 안녕하셨습니까? 제자 나민애 인사 드립니다.' 이렇게 시작합니다. 선생님께 저의 존중을 표현하는 거죠.

▌공적 메일, 제목에 신경 쓰자

공적 메일에서 가장 중요한 것은 제목입니다. 제목은 반드시 써야 하는 필수템인데 가끔 안 쓰는 사람이 있어요. 제목 없이 보내면 '제목이 없는데 정말 보낼 거야?'라는 식으로 이메일 프로그램이 묻습니다. 한 번 더 확인하는 거죠. 그런데도 제목을 안 썼다? 저는 이런 메일을 받으면 마치 예의에 어긋난 행동을 본 기분이 듭니다. 제목을 꼭 써주세요.

　제목이 없는 것도 문제지만 좋지 않은 제목을 쓰는 것도 문제입니다. 제목은 이게 누구의 무슨 메일인지 바로 알게 만드는 장치입니다. 보내는 이의 소속, 메일 발송의 목적이 드러나 어떤 내용일지 예상할 수 있게 만드는 게 좋은 제목입니다.

　아침에 메일함을 열어 보면 밤새 10통씩 와 있습니다. 시간 순서대로 열 때도 있지만 제목을 보고 급한 것부터 열어 볼 때도 있어요. 빨리 피드백을 줘야 하는 메일이 있잖아요. 상대방이 우선순위를 제목만 보고도 판단할 수 있게 써주세요.

　'안녕하세요' 이렇게만 쓰는 제목은 안 좋습니다. 누군지 모르니까요. '부탁드립니다'라는 제목은 더 부담스럽습니다. '어제 잘 들어가셨죠'라고 하면 스팸메일인가 싶어요. 지나치게 상투적인 것도 좋지 않고 지나치게 추상적인 것도 좋지 않습니다. 한때 스팸메일로 유명했던 '김미영 팀장입니다' 식의 제목도 좋지 않습니다. 딱 봐도 이건 열지도 말고 삭제해야 하는 메일로 보이죠. 내가 보낸 중요한 메일이 이런 취급을 받게 되면 큰일입니다.

　문장으로 쓰더라도 마침표는 안 찍어도 됩니다. 원래 제목에는 마침표를 쓰지 않습니다. 이모티콘 역시 남발하지 않는 게 좋습니다 특히 'ㅠㅠ' 이런 거나 ';;' 이런 걸 제목에 쓰면 진지하지 않은 느낌이 납니다. '냉무'라고는 제발 쓰지 마세요. 저는 처음엔 냉무가 뭔가 했습니다. 내용이 없다는 뜻이더라고요.

메일을 쓸 때 제일 좋은 제목은 맨 앞에 내용의 종류나 소속을 붙이는 겁니다. '소식, 모집, 학술, 교육, 안내' 이런 겁니다. 저는 소식이나 안내는 제일 늦게 열어봐요. 학술이나 교육 이런 건 빨리 열어보죠. 저에게 얼마나 도움이 되는 내용일까 싶어서요.

'○○출판사에서 출간 제안 드립니다' 이런 제목의 메일이 온다면 얼른 열어봅니다. '○○문화사 나민애 작가님 6월 인세 보고입니다' 이런 메일 역시 아주 빠르게 열어보겠죠. 'EBS 독서광 시대 섭외 요청' 이런 메일도 마찬가지입니다.

메일을 받는 사람에게 내 메일이 우선순위가 아닐 수 있으니 내용을 짐작할 수 있도록 제목을 붙여주시는 건 정말 센스 있는 태도입니다. 회사에서 이런 걸 따로 안 배워도 알아서 하는 게 좋은 신입사원이겠죠.

▌ 메일 본문 쓸 때 주의할 것

제목 쓰기를 알았으니 이제 실전 본문 작성으로 들어가 볼까요. 메일도 편지입니다. 그래서 편지 쓰기의 형식과 비슷합니다. 서두는 '안녕하세요?'나 'OOO 선생님께' 혹은 'OOO 작가님께, 이사님께, 팀장님께' 이렇게 상대방을 부르는 호칭으로 시작하는 게 맞습니다. 그런데 너무 과도하고 오글거리는 수식은 오히려 좋지 않

습니다. 옛날의 편지에는 날씨 얘기가 꼭 들어갔어요. 그런데 요
즘엔 잘 안 쓰죠. 어느 날 어떤 학생이 저에게 이런 메일을 보냈습
니다.

존경하는 나민애 교수님께

더운 날씨에 수업하시느라 고생이 많으십니다. 다름이 아니오라. 제가 이번
추석에 버스 편을 마련하지 못했어요…..ㅠㅠ 어쩌죠…? ㅠㅠㅠㅠ

　'존경하는 나민애 교수님께'라는 호칭을 보는 순간 내가 뭔가
존경할 만한 일을 해야 하나 싶어 부담스럽습니다. 그리고 'ㅠㅠ'
가 너무 많았습니다. 말줄임표를 가장한 마침표의 사용도 과도했
죠. 메일을 보낼 때 말줄임표를 많이 쓰는 건 좋지 않습니다. 이모
티콘 같은 것도 조심해서 쓰는 게 좋죠. 전혀 안 쓰는 건 아닌데
본인이 감당할 수 있는 상황에서만 쓰면 좋겠어요.
　그래서 저는 이 메일의 서론을 수정해 보았습니다. 메일에서
본인 소개를 안 해도 되는 사람들은 없습니다. 설령 남들이 다 아
는 사람일지더라도 본인을 먼저 소개하는 것이 맞죠.

나민애 교수님께,

안녕하세요? 저는 화목 12시 반 수업을 듣고 있는 OO학과의 김땡땡입니다.
어떠어떠한 일로 상의드리고자 합니다.

이렇게 자신을 소개하고 본론으로 들어가는 것이 좋습니다.
'안녕하세요? 저는 누구입니다'가 메일의 서론에 해당합니다.

중간 부분에는 말하고자 내용을 정리해서 씁니다. 서론 부분
과 중간 부분, 그리고 마지막 마무리 멘트 사이에는 한 줄씩 띄워
주는 것도 요령입니다. 가독성이 높아지기 때문이죠.

마무리 인사 멘트는 '안녕히 계세요' 혹은 '다음에 뵙겠습니다'
가 무난합니다. 혹은 날씨 얘기가 나올 수도 있어요. '장마 기간에
건강하시길 바랍니다', '황사의 계절이 왔는데 건강하셨으면 좋겠
습니다' 등의 표현이죠. 마무리 멘트로 '수고하세요'라는 문장은
조심하세요. '수고하세요'라는 말은 '고생을 받으세요'라는 뜻이거
든요. 특히 윗사람한테는 주의해야 합니다. '건승하세요', '건필하
세요, '부자 되세요' 이런 문장도 좀 의아합니다. 딱딱하거나 식상
하죠. 오히려 무난하고 온건한 멘트가 유리할 때도 있습니다.

제가 가장 당황하는 메일은 이런 메일입니다. 딱 두 줄 쓰여 있었어요.

교수님 안녕하세요.

과제입니다.

정말 이렇게 써서 보낸 학생이 있었어요. 학생 이름이 '과제'인가 하는 엉뚱한 생각도 들죠. 누가 보냈는지 이름도 없었습니다. 물론 학생의 상황도 이해는 됩니다. 과제 마감 시간이 닥쳐오자 급하게 보낸 거겠죠. 하지만 본인이 급하다는 게 너무 많이 드러나는 메일은 사회생활에서 좋지 않습니다. 급하더라도 쓸 건 쓰시는 게 좋아요.

'교수님, 안녕하세요? 저는 아무개입니다' 이렇게 얘기를 해줘야 서두가 완성되는 겁니다. '이번에 어떠어떠한 주제로 글쓰기를 마무리하여 제출합니다. 파일로 첨부했습니다' 이렇게 얘기를 해주면 본문이 되죠. '그럼 다음 수업 시간에 뵙겠습니다' 혹은 '안녕히 계세요' 이렇게만 써도 마무리가 잘 된 메일입니다.

이렇게 처음, 중간, 끝, 세 부분으로 나뉘는 것이 메일이라는 것을 기억하시고 각각의 부분에 암묵적으로 요청되는 내용을 적절히 넣으면 됩니다. 잘 쓴 메일의 예시를 하나 더 보여드릴게요.

나민애 교수님, 안녕하세요.

저는 EBS 지식교양부 ○○○ PD입니다.

먼저 EBS 특집 강연에 함께해 주셔서 감사합니다.

강의 관련하여 세부 일정을 아래와 같이 안내 드립니다.

* 강의 주제 : 내 삶의 일부, 인문학의 향연

* 강의 대상 : EBS 직원 100명

* 일시 : 12월 6일(금) 오후 2시~3시 30분 (90분)

* 강의 장소 : EBS 사옥 (경기도 고양시)

확인하시고 회신 부탁드립니다.

그럼 곧 뵙겠습니다.

○○○ 올림

중요한 내용이 잘 들어가 있죠. 메일이 안내의 목적이라면 주

제, 대상, 일시, 장소처럼 중요한 항목들을 진하게 표기하거나 눈에 확 들어오게 배치하는 것도 센스 있는 행동입니다. 중요한 사항만 여러 번 보는 경우가 많으니까요.

이메일을 쓰다 보면 본인만의 패턴이 생깁니다. 앞부분엔 이런 내용을 넣고 마지막 부분은 이렇게 마무리하고 중간에 들어갈 내용만 바꾸는 거죠. 받는 사람 이름만 주의해서 확인하면 됩니다. 이렇게 본인만의 패턴을 하나 잘 만들어서 가지고 있고 그다음에 조금씩 변형하면서 여러 개의 패턴으로 확장해가는 겁니다.

틀이 정해진 메일을 보낼 때 팁을 한 가지 더 드리자면 첨부파일 제목에 신경을 써주세요. 제가 100명의 학생들에게 과제를 받을 때 첨부파일 제목을 보다 보면 그냥 웃음부터 나옵니다. 어떤 사람은 과제, 어떤 사람은 최종본, 어떤 사람은 새벽본 이렇게 중구난방이죠. 자신들이 저장해 두었던 파일을 그대로 보내는 경우인데요, 자기 이름이나 글의 제목, 과제 이름이 적혀 있으면 받아보는 제 입장에서 정리하기가 얼마나 수월하겠어요. 메일이라는 것도 받는 사람을 배려하는 글입니다. 그렇기에 첨부파일의 파일명도 명확하게 넣어 첨부하는 것이 좋습니다.

31

발표에 대한
짧은 팁

▌ 내향인도 발표를 잘할 수 있는 방법

자소서와 메일 쓰기에 이어 다른 사람 앞에서 말하는 법을 말씀드리려고 합니다. 저는 27살 때부터 강의를 시작했습니다. 시간 강의부터 시작했는데 처음엔 모든 게 다 서툴렀죠. 첫 강의를 하던 27살 봄학기 첫 시간, 저는 커피를 들고 강의실에 들어가다가 아무것도 없는 곳에서 다리가 꼬여 철푸덕 넘어진 적이 있었습니다. 첫날부터 청소를 하고 수업을 시작했죠. 제가 집에 와서 얼마나 머리를 쥐어뜯었겠어요. 그 다음부터는 강의할 때 커피를 마시지 않게 됐습니다. 트라우마가 생긴 거죠. 그날 이후 '내가 강의를 못

하는구나, 이렇게 바보 같구나' 싶어서 강의를 잘하는 방법을 연구하기 시작했습니다.

강의 연구를 시작하게 된 이유는 제가 내향형 인간이기 때문입니다. 저는 사람들 앞에서 이야기하는 게 무서웠습니다. 그래도 하긴 해야 하니 카메라를 앞에 두고 셀프 촬영을 했습니다. 이후에 촬영한 내 목소리를 듣는데 소름끼치고, 영상 속의 내 모습이 뚱뚱하고 못생겨 보이더라고요. 그렇지만 계속해서 열심히 촬영하고, 열심히 봤습니다. 보다 보니까 점점 나아지더라고요.

다음엔 녹음기를 사다가 제 말을 녹음했습니다. 먼저 초 단위로 강의 스크립트를 썼습니다. 그리고 3분짜리 5분짜리 스크립트를 외우고 심지어 농담까지도 외웠죠. 그걸 녹음하고 다시 듣고 또 녹음하고 다시 듣고 했습니다. 이렇게 하면 누구나 실력이 늘어납니다. 저처럼 내향적인 사람도 발표를 잘할 수 있습니다. 노력하기만 한다면요.

▎남들 앞에서 말할 때 좋은 팁 네 가지

발표를 할 때 첫 번째로 중요한 것은 시선 처리입니다. 한 사람 한 사람 눈을 바라보는 거죠. 엄청 어렵습니다. 예전에는 강의실에서 학생들 한 명씩 눈을 봤는데 그러면 저와 눈이 마주친 아이들의 고개가 파도타기처럼 다다다다 숙여집니다. 선생님은 마음에 상처를 입습니다. 저같은 소심형 인간은 상처가 무섭습니다. 그래서 이제는 빈 책상에 놓인 가방을 보고 얘기하거나 학생들 노트북에 붙여진 스티커를 보면서 이야기합니다. 허공을 보면서 얘기할 수는 없잖아요. 시선을 마주치는 게 굉장히 에너지 소모가 크더군요. 그럴 때는 사람과 사람 사이를 쳐다보는 것이 방법입니다. 그리고 좀 익숙해진다 싶을 때 눈을 조금씩 맞춰 보는 거죠.

목소리 톤도 중요합니다. 앞에서 발표할 때는 의도적으로 톤을 낮춰서 시작하셔야 합니다. 사람들은 당황하면 목소리 톤이 높아집니다. 그러니까 처음부터 더 낮게 시작하세요. 음계로 따졌을 때, 평소 내 목소리가 '미' 톤이라면 발표에서는 '도'에서 시작하세요. 그래야 '솔'에서 끝납니다. 평상시 '미' 톤인데 긴장해서 '미'나 '파'에서 시작한다면 초음파 돌고래 톤으로 끝날 거예요. 듣는 사람도 당황스럽고 본인은 더 당황스럽겠죠.

그리고 단어와 단어 사이에 잠깐씩 쉬어주는 것도 팁입니다. 급하다고, 부끄럽다고 쉬지 않고 말하는 게 아니라 말과 말 사이에 휴지休止를 넣어주는 거예요. 잠깐 쉬는 시간을 가지면서 말과 말, 문장과 문장 사이의 속도를 조절하면 발표자가 안정되었다는 인상을 줍니다.

이렇게 말하면 발음도 좋아져요. 제가 사실 발음이 좋은 편은 아니라 중간에 쉬는 시간을 넣어줘서 보완하곤 합니다. 시선, 목소리 톤, 속도. 말할 때 이 세 가지를 적절히 조절하면 이사님 앞에서 발표를 하든 면접관과 심층 면접을 하든 크게 당황하지 않을 수 있어요.

마지막으로 자세를 말씀드리고 싶습니다. 앞에 나와 서는 순간, 청중들이 보면 안 되는 것이 하나 있습니다. 바로 발표자의 뒤통수입니다. 만약 피피티를 설명하는데 몸을 완전히 돌리고 등만 보인다면 어떨까요? 청중들이 불편할 수 있겠죠. 그러니 해야 할 말은 미리 다 외우는 게 좋습니다.

▌ 질문에 대처하는 법

발표를 잘 끝냈는데 갑작스러운 질문이 들어 오는 경우가 있습니다. 예상하지 못했던 질문이나 다소 공격적으로 느껴지는 질문이 나오면 발표자는 당황하게 됩니다. 초보인 경우엔 상대방의 페이스에 말려버리죠. 저쪽에서 공격이 들어왔다고 이쪽에서 더 세게 공격을 하는 건 제일 좋지 않은 대응입니다. 흥분하면 누가 손해일까요? 본인입니다. 만약에 굉장히 날카롭고 아픈 질문이 들어왔다 하더라도 펄쩍 뛰지 마세요. 우리가 지켜야 할 건 포커페이스입니다. 심장 박동수가 미친 듯이 올라가도 차분함을 유지하는 거죠.

내가 대답을 못 할 질문이 들어왔을 때도 우아하게 반응해야 합니다. 우선 버퍼링 시간을 가져보세요. 바로 받아치지 마시고 3초 정도 '음' 하는 생각의 버퍼링을 거치고, 그다음에 "네, 정말 좋은 질문입니다"라고 하는 겁니다. 저쪽에서 나에게 싸움을 걸어도 마찬가지입니다. "감사합니다. 참 좋은 질문이네요"라고 말하는 거죠. 그다음에, "그 질문의 내용을 보완해서 더 좋은 결과물을 만들겠습니다"라고 말하는 것입니다. 아무리 화가 나더라도 감정을 잘 조절하며 최대한 예의를 갖추는 게 좋습니다. 그리고 모든 질문에 반드시 즉답해야 하는 것은 아닙니다. 조금 미루고 현명한 대응을 추후에 마련하세요. 이런 여유의 전법이 필요할 때가 상당히 많습니다.

우리는 다양한 상황에서 글을 쓰고 말을 하며 살아갑니다. 항상 인문학적인 인간으로만 살 수는 없죠. 모든 글을 다 잘 쓰고 싶지만 잘 안되더라도 메일 등 공적인 글쓰기로 소통을 잘하면 자존감이 올라가기도 합니다.

궁금했지만 사실 누구에게 물어보기 애매했던 부분들까지 이야기를 나누고자 했는데 어떠셨나요? 여러분의 생활 속에서 늘 만나왔던 글쓰기에 대해 되돌아보고, '나는 제법 잘 써요'라는 성취감 속에 사시면 좋겠습니다.

나의 두 번째 교과서
×
나민애의 다시 만난 국어

9강

비평문 쓰기,
인생 책을
만드는 방법

9강을 시작하며

나 의 두 번 째 교 과 서

저는 대학에서 시를 전공했는데 시를 해설하고 소개할 때마다 이런 생각이 듭니다. 어떤 시를 한 편 소개한다는 건 멸종위기종인 나비나 새를 알리는 것과 비슷하다고요. 시인들은 여전히 시를 쓰지만 사람들은 시를 거의 읽지 않죠. 그건 멸종하고 있는 거예요. 사람들이 읽지 않고 기억하지 않으면 없는 것과 마찬가지입니다.

서점에는 여전히 책이 엄청나게 많습니다. 하지만 책이 많다고 해서 책이 존재하는 것은 아닙니다. 책을 산다고 해서 내 책이 되는 게 아니고, 읽어야 내 책이 됩니다. 책을 읽고 내 영혼의 서재에 꽂아둬야 내 책이 되는 겁니다. 20년 전에 제 남편은 이렇게 고백을 했습니다. '네가 내 세계 안으로 날아들었어'라고요. 네, 몹시 오글거리네요. 그렇지만 이게 바로 존재의 방식입니다. 무언가가 날아서, 혹은 쏘아서, 헤엄쳐서 내 세계에 안착해야 비로소 그게 내 세계에 존재할 수 있어요.

외부 세상에 물질로 존재하는 책을 내 안으로 데려와 내 것으로 만드는 가장 좋은 방법은 그 책에 대한 글을 쓰는 겁니다. 독후감, 서평 등의 비평문은 그것 자체로 존재하는 독립적인 글이 아니라 책을 위해서 존재하는 글입니다. 그 책을 내 책으로 만들기 위해 쓰는 글인 셈이죠. 책이 있고 이 책에 대한 나의 글이 있으면 그 책은 나의 것이 됩니다. 그 책을 내 안으로 끌어당기는 열쇠 같은 것이죠. 서평을 쓰다 보면요, 남의 생각을 쌓아놓은 더미를 헤쳐서 나만의 보물을 찾았다는 생각이 드실 거예요.

저는 지금까지 서평을 제법 많이 썼습니다. 한 100여 편 가까이 쓴 것 같아요. 책의 저자는 따로 있지만 서평을 쓰면 그 책의 일부가 내 안에 조각으로 남습니다. 굉장히 뿌듯하고 부자가 된 듯하죠.

책의 중요성을 잘 알고, 열심히 읽는 학생을 만난 적 있는데 저에게 이런 질문을 하더군요.

"선생님, 저는 책을 열심히 읽고 있어요. 그런데 이 책에서 말하는 게 뭔지 다른 사람한테 설명하기가 어려워요. 대강은 알겠는데 명확하게 정리가 안 되어서 답답해요."

여러분도 이런 느낌이 들 때가 있죠? 이때 자신을 탓하진 마세요. 책을 처음부터 끝까지 씹어먹으려는 생각을 내려놓으세요. 일부만 읽는다고 눈치 보지 마세요. 다만, 조금 시간을 가진 후 그 책에 대해 글을 써보세요. 글을 쓸 때는 내가 이해했던 부분이나, 마음속에 깊숙하게 들어온 부분을 중심에 두고 시작합니다. 그러면 답답함이 차츰 해소되는 경험을 하게 될 거예요. 우리가 책을 읽을 땐 아는 부분이 있고 모르는 부분이 있습니다. 그 자체를 아는 게 중요합니다.

아는 것은 무엇이고 모르는 것은 무엇인지 인식하는 것을 바로 '메타인지'라고 합니다. 서평 쓰기는 일종의 메타인지입니다. 우리가 알고 있는 것과 모르는 것을 바탕으로 한 편의 글을 쓰는 겁니다. 진짜 독서는 서평을 쓰는 것으로 완성됩니다.

서평의 또 하나의 장점은 오래 기억하게 된다는 점입니다. 열심히 책을 읽어도 기억에서 금방 사라집니다. 하지만 서평을 쓰면서 그 책을 연구하고 깊이 탐구하면 더 길게 기억하게 됩니다. 잊었다가도 금방 책을 기억해 낼 수 있어요. 10년 전에 쓴 제 서평을 보면 "와, 그때 내가 이런 생각을 했었네!" 하고 놀랄 때가 있습니다. 지금은 다르게 생각하는 지점과 비교해 보면서 책을 여러 번 읽는 경험도 하게 되죠.

이번 강에서는 어떻게 하면 서평을 잘 쓸 수 있을지 배워보겠습니다. 책을 깊이 읽고 싶으신 분은 꼭 서평 쓰기에 도전해 보세요.

32

서평,
왜 읽고 써야 할까?

▮ 독후감과 서평의 차이점

책에 대한 글이라고 생각하면 보통 독후감을 떠올리곤 합니다. 그런데 독후감과 서평은 조금 다릅니다. 우열의 문제가 아니라 목적의 차이죠. 독후감은 독후감대로 의미가 있고, 서평은 서평대로 의미가 있습니다.

독후감은 영혼을 성장시키는 글입니다. '그 책을 읽었더니 나의 생각과 태도가 바뀌었어요', '책을 읽었더니 내 심장이 이렇게 반응했어' 이렇게 심장의 말을 쓰는 것이 독후감입니다. 서평은 독후감에 비해 조금은 지적인 영역이에요. 심장이 한 말을 바탕으로 하되 머리가 이성적, 지적, 종합적으로 판단해서 쓴 글이죠.

영혼의 성장은 누구의 문제일까요? 나 자신을 위한 문제입니다. 독후감은 나를 위한 글쓰기예요. 여기 민지라는 친구가 기후 위기로 열병을 앓는 지구에 대한 책을 읽었다고 가정합시다. 민지는 에어컨을 오래 틀었던 일을 반성하고, 분리수거를 열심히 하지 않은 일을 반성하고, 에너지에 관심을 두지 않았던 일을 반성하며, 이제부터 환경을 먼저 생각하겠다고 다짐합니다. 그리고 실천도 계획하죠. 이것은 개인의 문제입니다.

그런데 서평은 '내가 이 책을 이렇게 읽었는데요, 내가 쓴 글이 여러분에게도 좀 도움이 되지 않을까요?'의 글입니다. 나 말고 다른 사람들을 위해 쓰는 글쓰기죠. 독후감은 독자가 없어도 돼요. 부모님이나 선생님이 읽는다고 해도 실질적으로는 본인을 위한 글쓰기니까요. 하지만 서평에는 독자가 있습니다. 서평은 글을 쓴 본인뿐만 아니라 이 책을 읽을까 말까 고민하는 예비 독자들을 위해 쓰는 글입니다.

독후감에서는 개인의 과거가 중요합니다. 내가 어떻게 읽었냐 하는 이야기를 담고 있죠. 그래서 읽은 나의 소감을 강조하고, 나 개인적인 반응을 적고, 이런 가치를 내면화하게 되었다고 서술합니다. 반대로 서평은 우리의 현재가 중요합니다. 지금 이 책을 읽고자 하는 사람들에게 가이드를 주는 글이니까요. 그래서 독후감보다 보편적인 반응을 예상하며, 내가 파악한 가치를 남과 공유합니다. 즉, 독후감이 나에게 집중하며 나의 영혼을 성장시키는 개인의 글쓰기라면, 서평은 타인을 배려하며 공동체의 가치를 함께 나누는 글쓰기입니다.

▌ 서평을 읽거나 쓰면 좋은 점

앞에서도 잠깐 설명했지만, 서평을 쓰면 '이 책이 내 책이구나' 하는 생각이 듭니다. 한 권의 책을 깊이 있게 들여다보기 때문에 인생 독서를 하게 되죠. 내 영혼의 서가에 책을 꽂는 겁니다. 서평을 쓰려면 오래 생각할 수밖에 없는데 이 과정에서 분석까지 하니 추론 능력이 높아집니다. 읽기가 배우는 '학學'의 영역이라면 서평 쓰기는 익히는 '습習'의 영역입니다. 두 가지가 합쳐져서 비로소 학습學習이 되고 공부가 완성됩니다.

서평을 읽으면 책을 안 읽은 사람도 본 것처럼 느낄 수 있습니다. 최신 트렌드를 알고 싶지만 책을 다 사서 읽을 수 없다면 그 책에 대한 서평을 찾아서 읽어보세요. 또는 책을 읽었는데 이해가 안 될 때도 서평 읽기는 유용합니다. 책을 읽고 난 후 서평을 읽으면 희미했던 점이 뚜렷해지고, 내가 미처 발견하지 못했던 부분도 알게 됩니다. 책뿐만이 아니라 영화도 그렇잖아요. 어려운 영화를 본 후 이해가 잘되지 않을 때 영화 평론을 찾아보면 그 장면이 그런 의미였구나라고 이해하는 것처럼요.

서평을 많이 읽고 쓰면 다른 텍스트를 분석하는 능력치도 향상됩니다. 특히 전문 서적이나 문학 작품을 이해하는 레벨이 상승하죠. 읽기로는 정리가 안 될 때 글로 쓰면 정리가 됩니다. '남이 쓴 한 권의 책이 내가 쓴 한 페이지의 글'이 되었을 때 그 책은 내 책이 됩니다.

서평은 독후감을 잘 써본 사람이 유리합니다. 하지만 독후감에 너무 빠져 있으면 서평을 쓰는 데 불리해집니다. 이게 무슨 소리냐고요? 서평엔 독후감적인 부분이 존재합니다. 독후감을 쓸 때 어떻게 쓰나요? 내가 이 책을 왜 읽게 됐는지 이유를 쓰고 줄거리를 쓰죠. 그리고 내가 느낀 점에 대해서 소감을 붙입니다. 이런 점은 서평도 마찬가지입니다. 내가 읽은 책의 줄거리와 느낌이 서평에 들어가죠.

다만, 서평은 이것만으로 끝나면 안 됩니다. 독후감과 유사하지만 '읽었노라, 즐겼노라, 느꼈노라'만 쓴다면 서평이라고 할 수 없습니다. 서평에는 말 그대로 책에 대한 평가, 장점과 단점에 대한 분석과 판단이 들어가야 합니다. 저자에 대한 사전 조사도 필요하죠. 분석을 하려면 경험도 있고 데이터베이스도 풍성해야 합니다. 뭔가 알고 배운 사람이 분석을 잘 합니다. 그래서 저는 어린 학생들에게는 독후감 쓰기를 추천하고 성인에게는 서평 쓰기를 추천합니다.

33

실전
서평 쓰기

▌서평은 장르 글쓰기다

서평은 의외로 배우기 쉬운 글쓰기입니다. 이건 일종의 장르 글쓰기라서 문법이 존재하거든요. 장르 글쓰기란 여기에 어떤 내용이 들어갈지 어느 정도 '예상'할 수 있는 글쓰기입니다. 쓰는 사람이나 읽는 사람 사이에 암묵적인 약속이 존재하죠. 어떤 약속이 있냐고요? 이 책을 안 읽은 사람들에게 모종의 도움을 줄 거라는 약속입니다.

예를 들어 검색창에 책 제목을 넣고 서평을 찾는 사람들의 심정은 어떠할까요? '나는 이렇게 생각하는데 다른 사람은 어떻게 생각할까?', '나는 이렇게 판단했는데 다른 사람은 어떻게 판단할 까?' 이런 걸 알고 싶어서 찾습니다. 또는 '이 책을 살까 말까?' 망 설이면서 어떤 책인지를 알고 싶을 때도 서평을 찾아보게 됩니다. 그 책에 대해 알고 싶을 때도 서평을 읽으면 책의 대략적인 윤곽 을 알 수 있습니다.

안 읽은 사람도 어느 정도는 읽은 듯 만들어 주는 게 서평의 규 칙입니다. 이 책에는 이런 장단점이 있고, 여기에 주목해야 하고, 여기는 조심해야 한다는 것을 알려주는 것이죠. 서평이 뭔지 아는 사람이 다른 서평을 찾아서 검색하고, 서평이 뭔지 아는 사람이 규칙에 맞추어 서평을 쓰는 겁니다. 서평의 독자는 책의 예비 독 자들입니다. 고객이 분명한 글쓰기라는 것이죠. 그래서 서평을 장 르 글쓰기라고 하는 겁니다.

▌ 서평의 시작은 작가 및 작품 소개

어떻게 써야 한다는 규칙을 좀 안다면 쓰기의 두려움을 덜 느끼게 됩니다. 글을 쓸 때 저는 문득 하얀색 종이가 두렵습니다. 백색 공 포 같아요. 무슨 말로 시작해야 할지 첫 문장이 중요하다는 건 알 겠는데 처음 시작하려고 하면 쉽게 나오지 않습니다.

이럴 땐 일종의 튜토리얼처럼 글의 전체적인 윤곽을 그려야 합니다. 우선 써야 할 글의 전체를 세 부분으로 나눕니다. 처음, 중간, 끝을 나눈 후 맨 앞부터 채웁니다. 맨 앞에는 조사한 걸 쓰세요. 책에 대해 느낀 게 아니라 조사한 것만 쓰는 겁니다. 특히 초반에는 작가 및 작품 소개에 대해 쓰는 것이 좋습니다.

예를 들어 에리히 프롬의 『사랑의 기술』이라는 책의 서평을 쓴다고 가정해 봅시다. 먼저 책 제목이 눈에 들어오죠. '사랑이란 뭐지? 기술은 뭐지?' 이러한 물음표와 함께 책 속으로 들어가는 겁니다. 일단 책을 읽어야 하겠죠? 우리는 책이라는 미궁으로 들어가는 탐험가입니다. 세상에 쉬운 책은 없어요. 쉽게 읽히는 동화책도 모든 걸 전부 알 수는 없습니다. 그리스 신화를 보면 실타래를 풀면서 미궁에 들어가는 이야기가 있는데 우리의 실타래는 바로 제목입니다. 책의 제목은 책이 전부 완성된 후에 얹어집니다. 책의 모든 것을 압축하는 최종 보스인 셈이죠. 그래서 제목이 무슨 의미인지 찾으면서 책을 읽으면 효율적입니다.

제목 다음은 저자입니다. 저자 소개는 반드시 읽으세요. 저자는 이 책을 만든 정신체입니다. 책을 읽는 건 저자와 대화를 나누는 일이에요. 누군지를 알아야겠죠? 이 사람이 300년 전에 살았던 사람인지, 지금 살고 있는 사람인지, 옆 동네 사람인지, 먼 나라 사람인지 알아야 대화를 할 수 있잖아요. 저자에 대한 정보를 충분히 읽어야 합니다. 책 속의 소개만으로는 부족하다 싶으면 검색창의 힘을 빌리세요.

세 번째는 출간 연도입니다. 나온 지 좀 오래된 책의 경우에는 책 앞 혹은 마지막 페이지에 '카피라이트 ⓒ' 표시와 함께 출간 연도가 나와 있어요. 에리히 프롬의 『사랑의 기술』은 1956년도에 출간한 책이라고 나와 있네요. 우리가 읽는 책 중에 의외로 오래된 책들이 있습니다. 우리나라에선 최근에 번역되었더라도 이 책이 처음 탄생한 때는 예전일 수 있죠. 그 시대에는 맞았던 이야기가 지금은 틀릴 수도 있습니다. 그렇기에 책의 출간 연도를 알아두면 좋습니다.

제목도 보고, 저자도 보고, 출간 연도도 봤다면 이제 목차를 볼 차례입니다. 목차를 볼 땐 셜록 홈즈가 된 마음으로 추측하세요. '이 목차에서 어디가 중요할 것 같아, 클라이맥스는 어디구나, 목차에서 작가는 무슨 얘기를 하려는 걸 거야.' 이런 걸 생각해 보는 거죠.

그리고 책 뒷표지에는 중요한 구절이나 추천사가 짧게 적혀 있습니다. 이것도 보시고 번역본이라면 번역자의 후기도 읽으세요. 시집이나 소설이라면 해설을 참조할 수 있습니다. 저는 책을 많이 읽고 빨리 읽어야 할 경우가 생기면 사전 조사에 공을 들입니다. 그래야 독서에 들어가는 시간이 줄어들거든요.

자, 이렇게 제목을 조사하면서 알았던 것, 저자를 조사하면서 알았던 것, 검색을 통해 현재 이 책에 대해 사람들이 하는 평가를 서평의 '처음' 부분에 쓰는 겁니다.

왜 조사한 것을 처음에 써야 할까요? 같은 제목으로 서로 다른 여러 책이 있을 수 있거든요. 그래서 원전의 확정이 필요합니다. 예를 들어 이 책은 에리히 프롬이 1956년도에 낸 『사랑의 기술』이라는 책이고 원제는 『The art of loving』이라는 사실을 먼저 밝히는 것은 서평의 든든한 시작점이 되어줍니다. '그래, 이 책이야. 우리 바로 여기서부터 시작하자' 이런 말이죠.

▌줄거리 요약은 중반부에 등장

서평의 중반부는 줄거리로 시작합니다. 줄거리 요약이 나온다? 서평 좀 읽고 써본 사람들은 '척' 하고 알아듣습니다. 이제 앞부분이 끝나고 중간 부분이 시작된다는 것을요. 그러니까 '이제부터 줄거리를 요약하겠다'는 말은 쓰지 마세요. '여기가 바로 책의 내용이야' 이런 얘기도 필요 없어요. 그냥 줄거리 요약이 시작되면 그게 중반부의 시작이 됩니다.

단, 줄거리는 길게 쓰지 않는 게 좋습니다. 줄거리 요약이 길면 내가 분석하고 판단한 장점과 단점에 대해 논할 분량이 줄어듭니다. 어디까지나 줄거리의 '요약'입니다. 요약은 간략하게 쓴다는 말입니다.

좋은 비평문을 쓰려면 책을 장악해야 합니다. 내가 이 책을 장악했는지 아닌지 셀프 점검하려면 이 책을 한 문단으로 깔끔하게 요약할 수 있는지를 보면 됩니다. 서평의 줄거리는 짧고 굵게, 분명하고 깔끔하게 한두 문단 정도로 쓰면 됩니다.

요약을 마무리했다면 이제 책에서 가장 중요한 부분을 딱 3개만 찾으세요. 직접 인용을 할 부분입니다. 왜 3개냐고요? 10개, 20개도 찾을 수 있지만 너무 많이 중요하다는 말은 하나도 안 중요하다는 말과 같습니다. 중요한 것을 선택해서 고르는 일도 중요한 판단입니다. 뭔가를 발췌하고 인용했다면 왜 그게 중요한지를 쓰세요. 이 부분이 어떤 의미가 있는지, 어떤 특징을 보여주는지, 어떤 상징이 있는지, 중요한 이유가 무엇인지 쓰는 거죠. 줄거리와 중요한 부분, 중요한 이유. 여기까지가 서평의 중반부입니다.

▎서평의 마지막, 총평 쓰기

서평의 마지막은 이 책이 어떤 책인지 총평을 쓰는 거예요. 별 5개 중에서 별을 몇 개 줄까를 생각해 보세요. '지난번에 읽었던 소설보다는 좀 재미가 없었어. 지난번 책이 별 4개라면 얘는 3개 반을 줄래'라고 생각할 수도 있고, '지금 딱 시의적절한 책이야, 이 책은 무척 의미가 있어' 이렇게 생각한다면 별 4개 반이나 5개를 줄 수도 있습니다.

내가 준 별을 문장으로 표현해 보세요. 어떠어떠한 면에서 상당히 의미가 있다, 어떤 점에서 긍정적이다, 무엇을 얻을 수 있다, 이렇게 총평을 내리세요. 그다음에 마지막으로 이 책을 누구에게 추천할지 쓰는 겁니다. 이직을 고민하고 있는 사람, 결혼을 생각하고 있는 사람, 번아웃이 온 사람, 자존감이 떨어진 사람 등 이 책을 추천하고 싶은 대상과 이유를 적으면 마지막 결론이 완성됩니다.

조금 모자란다 싶으면 이 책을 통해 무엇을 얻을 수 있는지 혹은 무엇을 배울 수 있는지 가치를 제시하고, 연계 도서 등 확장할 수 있는 유형을 제시하는 것도 좋습니다.

이런 구조가 서평의 가장 흔한 패턴입니다. 물론 변주도 가능합니다. 누가 읽으면 좋을지 대상을 서두에 밝혀도 좋고, 줄거리를 글 맨앞에 써도 좋습니다. 서평 쓰실 때는 이런 점을 꼭 기억하세요.

- 서평이란 책을 직접 읽고 쓰는 것이다.
- 책만 대상으로 쓰지 않고 저자에 대해 충분히 공부하고 쓴다.
- 단 한 줄이라도 나의 '판단'이 있다면 성공이다.

▌ 장점과 단점, 어떻게 쓸까?

저자에 대해 공부를 하다 보면 그의 어마어마한 이력 때문에 비판적인 점을 찾기 어렵다고 말하는 분들이 있습니다. 서평에 장점만 얘기해야 할까요? 아니면 단점만 얘기해야 할까요? 그저 자신이 본 것만 쓰면 됩니다. 이렇게 훌륭한 작품에 내가 무슨 이야기를 더 얹어도 될까 걱정하는 분도 있는데, 얹어도 됩니다. 저자는 열린 마음으로 책의 장점과 단점을 귀담아들을 의무가 있습니다. 그러니 걱정하지 마세요. 이 책이 본인한테 좋았으면 '나한테 좋았는데 당신한테도 좋지 않을까요'라고 쓰고, 이 책의 어느 부분이 좀 아쉬웠으면 '이 부분이 아쉬운데 당신한테도 좀 아쉽지 않을까요'라고 쓰는 거예요.

장점을 쓸 때는 '이 책에서 가장 주목할 만한 부분은 어느 부분이다, 주목해야 하는 이유는 이런 점입니다'라고 쓰는 겁니다. 소설이라면 '이 책에서 가장 감명 깊은 부분은 어느 부분입니다, 그 부분은 우리에게 이러한 울림을 줍니다'라고 쓰는 거죠. 실용서라면 '독자들에게 가장 큰 효용이 되는 부분은 어디이고, 이 부분의 지표가 효율적입니다'라고 쓸 수도 있겠죠. 이런 장점 찾기가 서평의 분석이 됩니다.

어떻게 이런 특징을 잘 찾아낼 수 있을까요? 대게를 먹을 때 살을 잘 파먹으려면 포크 같은 기다란 꼬챙이가 필요합니다. 도구가 있어야 살을 효과적으로 많이 긁어낼 수 있잖아요. 책도 비슷합니다. 중요한 부분을 골라낼 때는 미리 이런 문장을 적어놓고 시작해 보세요.

‘주목할 부분을 한번 찾아보자.’

‘감명 깊은 부분을 찾아보자.’

이렇게 써서 포스트잇으로 붙인 후 찾으면서 읽으면 훨씬 잘 보입니다. 중요한 부분과 특징을 뽑아야 책에 대한 장악이 가능하고 남한테 도움도 줄 수 있어요. 그러니 의도적으로 저런 문장의 도움을 받으세요. 때로는 형식이 내용을 지배하기도 하거든요.

장점 쓰기보다 어려운 것이 단점 쓰기입니다. 내가 단점을 써도 될 수준인가를 고민하진 마세요. 단점이 보이면 쓰는 겁니다. 단, 단점이 없는데 억지로 끄집어내려고 노력하지 마세요. 단점을 못 찾아내면 저자에게 지는 거라고 생각하지 마세요. 보이는 그대로, 특징적인 부분을, 그것이 좋든 나쁘든 밝히는 게 서평의 분석입니다.

만약에 어느 부분에서 책의 허점을 발견했다면 이렇게 쓰세요. ‘어떤 점이 아쉽다’ 혹은 ‘이 부분이 보완된다면 더 좋은 저작이 되었을 것이다’, ‘이런 부분은 쉽게 수긍하기 어렵다’ 등이 단점을 서술하는 서평의 전형적인 표현입니다.

34

인생에서 서평 쓰기가
필요한 순간

▌책을 마음으로 생각하다

앞서 서평이 전체적으로 어떻게 이루어지는지 구성 요소를 말씀 드렸습니다. 그런데 책에 대해서는 어떻게 생각하세요? 단순하게 종이와 문자의 결합이라고 생각하시나요? 저는 책은 마치 꽃과 같다고 생각합니다. 나태주 시인의 「풀꽃」이라는 시가 있습니다.

자세히 보아야

예쁘다.

오래 보아야

사랑스럽다.

너도 그렇다.

_나태주, 「풀꽃」 전문

책은 세상에 '뿅' 하고 나온 풀꽃 같은 존재입니다. 자세히 봐야 예쁘고 오래 봐야 사랑스럽거든요. 이 책을 낳기 위해서 저자는 밤새 공부를 했을 수 있습니다. 그리고 어떤 책은 시대적 배경이 밀어올려서 탄생하기도 합니다. 무엇이 모여서 책이 될까요? 책은 종이와 잉크, 접착제, 글자로 만들어진 게 아니라 문체, 삽화, 각주, 그래프, 그림, 통계, 벤다이어그램, 표지 디자인, 장정, 서문, 번역 등이 모여 만들어집니다. 이 모든 게 다 책의 구성 요소입니다. 그러니까 한 권의 책은 누군가가 만들어낸 매우 종합적이고 복합적인 존재인 것이죠.

저는 책의 탄생에서 가장 중요한 것은 저자라고 생각합니다. 예를 들어 저자가 어디서 태어났는지가 중요하죠. 어디에서 자랐고, 무엇을 배웠고, 어디로 갔고, 누구와 교류했는지, 누구와 연애했고, 누구한테 대차게 차였는지가 중요할 때도 있습니다.

한 송이 꽃이 피려면 식물을 둘러싼 토양과 기후, 식물의 줄기와 뿌리가 도와줘야 합니다. 이것들이 바로 이 책이 태어난 시대적 배경, 역사적 배경, 저자의 세계관, 저자의 생애에 해당합니다. 우리가 읽은 이 책은 어느 날 갑자기 뚝 떨어진 게 아니라 시대라는 토양에서, 저자라는 뿌리와 줄기가 밀어 올린 꽃이라고 보시면 좋겠어요.

안 보이는 걸 보는 게 정말 중요합니다. 보이는 건 남들 눈에도 다 보인답니다. 보이는 것 너머에 진정한 의미가 있습니다. 영화로도 제작된 소설 『반지의 제왕』을 아실까요. 세계 3대 판타지 소설인 이 작품은 영국의 소설가 J.R.R 톨킨이 썼습니다. 난쟁이도 나오고, 요정도 나오고, 오크족도 나오고, 마법사도 나오고, 비현실적인 캐릭터들이 많이 나와서 이상한 이야기라고 생각하실 수도 있어요. 그런데 톨킨의 생애를 알고 읽으면 소설의 내용이 좀 달리 보입니다.

톨킨은 옥스포드 대학교의 영문학 교수였습니다. 우리나라로 치면 국어학 교수였던 거죠. 이분은 전쟁의 시대에 태어났습니다. 1차 세계대전 당시 톨킨은 20대의 나이로 참전하게 됩니다. 2차 세계대전 때는 그의 아들이 참전을 해요. 1차, 2차 세계대전에 본인의 인생이 전부 들어 있는 거죠.

어떤 트라우마가 생기지 않았을까요? 자신이 겪었던 그 참혹했던 전쟁에 아들마저 보냈으니 얼마나 걱정스러웠겠어요. 그래서 그는 소설을 썼습니다. 어떻게 보면 『반지의 제왕』은 1차, 2차 세계대전 이야기입니다. 난쟁이, 호빗, 인간, 요정, 트롤, 오크, 마법사 등이 총출동해서 전쟁을 하는 게 반지의 제왕의 내용이거든요. 톨킨이 살면서 경험했던 세계대전이 소설 안에 펼쳐지는 거죠. 소설에서는 프로도라고 하는 캐릭터가 죽을 고생을 다해서 절대 반지를 파괴하자 전쟁이 끝납니다.

톨킨은 전쟁이 어떻게든 해결이 되고 종전이 되길 바라는 본인의 심정을 소설에 투영했습니다. 이런 배경을 알고 읽으면 『반지의 제왕』이 전혀 다른 이야기로 읽힙니다. 처절하게 쓴 이야기이고, 작가가 살려고 쓴 이야기라는 걸 알게 되죠. 소설 안에는 전쟁에 참전한 20대의 톨킨과 아들이 함께 들어 있습니다. 작가는 이 이야기를 진심으로 쓸 수밖에 없었을 거예요.

아는 만큼 보인다고 합니다. 그래서 미리 사전 조사를 해서 작가에 대해서도 알아보고 이 책이 언제 태어났고 어떻게 태어났는지 알면 책을 깊이 읽고 잘 읽게 됩니다.

▎인생 책이 필요한 순간

저는 대학에서 텍스트를 읽고 쓰는 강의를 하고 있는데 책을 읽고 서평을 써오라는 과제를 종종 냅니다. 그런데 학생들은 이 과제를 좋아하지 않아요. 책 한 권을 다 읽어야 하고 서평까지 써야 한다니 부담이 되겠죠. 하지만 저는 이 경험이 학생들에게 긍정적인 영향을 미친다고 확신합니다.

서평 쓰기는 선생님들이 참 좋아하는 형태의 과제입니다. 저는 학생들이 수업에서 가르친 내용, 그것만 알면 된다고 생각하지 않습니다. 배운 것을 바탕으로 학생들이 스스로 지식을 찾고, 알아보고, 공부하기를 바라죠. 그게 공부의 왕도고 정도라는 것을 너무 잘 알거든요.

그런데 학생들에게 책이 참 좋으니 읽어보라고 하면 안 읽습니다. 한창 젊을 때잖아요. 나가서 놀고 싶죠. 그래서 힘들어도 과제를 주는 겁니다. 어떻게든 이걸 읽고 한번 써보라고, 깊은 심해 동굴에 한번 들어갔다 오라고 하는 거죠. 한 권 읽기를 수행하고, 분석적 글쓰기를 해보면 다음에 또 다른 텍스트를 읽을 때 아주 유용합니다.

저는 학생들에게 졸업하기 전에 꼭 네 권의 인생 책을 찾아보라고 말합니다. 나중에 면접을 보거나 사회에 가서 누군가와 이야기를 나눌 때 "당신이 감명 깊게 읽은 책이 무엇입니까?" 이런 질문을 받을 수 있습니다. 그때 전공에 관련된 책 2권, 문학책 1권, 사회학이나 철학책 1권을 비장의 카드처럼 마음속 호주머니에 넣어뒀다가 꺼내는 거죠. 이런 책들을 찾기 위해서는 일단 읽어야겠고, 잘 읽기 위해서는 서평을 써봐야겠죠. 그래서 저는 "학교에 다

닐 때 과제로 쓰는 비평문을 반가워하세요"라고 학생들에게 말합니다. 인생 책은 많을수록 더 좋습니다. 저는 학생들이 그 책들을 가슴에 품고 졸업하기를 바랍니다.

▌서평 쓰기, 휴대폰 메모로도 가능하다

서평을 쓰고 싶은 마음은 있어도 바쁘고 지쳐서 책을 읽기조차 힘든 때가 많습니다. 그래서 우리 일상에 녹아드는 독서와 비평문의 가능성을 말씀드릴까 해요.

책하고 가장 반대에 있는 것이 휴대폰이라고 말하는데, 휴대폰의 메모 기능을 활용하면 간략한 서평을 쓰는 데 도움이 됩니다. 저는 10~20분 정도 짜투리 시간이 날 때 책을 읽고 마음에 드는 구절이 있으면 휴대폰 메모장에 써둡니다. 사진을 찍었다가 나중에 옮겨 적기도 해요. 그렇게 하나의 구절부터 시작하세요.

누군가 쓴 한 문장이 나의 인생을 바꾸기도 합니다. 우연히 만났던 책의 한 구절이 내 안에 깊이 들어와서 삶의 이정표를 바꾸기도 합니다. 그것을 주우세요. 예쁜 돌을 줍듯, 낙엽을 줍듯 주워서 휴대폰에 저장해 놨다가 나중에 싹 모아놓고 같이 보세요.

어느 책에서 여러 구절을 잡아내셨으면 그 책은 여러분에게 좋은 책입니다. 그 책에 대해 깊이 있는 서평을 써보는 것을 추천

드립니다. 구절이 잡히지 않는 책이라면 일단 헤어지세요. '안녕 잘 가' 하고 다음에 만나자고 하셔도 괜찮습니다. 사실 서평 그 자체가 중요한가요? 책이 중요합니다. 책 그 자체보다는 책 읽는 나의 멋진 인생이 더 중요하고요.

10강

제목 쓰기,
모든 것의
진정한 마침표

10강을 시작하며

모든 텍스트에는 제목이 있습니다. 책에는 당연히 제목이 붙고, 동영상 섬네일도 일종의 제목입니다. 한 페이지짜리 시에도 제목이 있습니다. 서평에도, 소설에도, 리포트에도, 보고서에도 제목이 있습니다. 이처럼 모든 텍스트에는 제목이 있습니다. 그런데 제목을 붙이는 일은 쉽지 않습니다. 그래서 이번 강에서는 제목 쓰기에 대한 모든 궁금증을 풀어보려고 합니다.

제목은 직관적, 상징적, 압축적으로 콘텐츠를 한 번에 드러내는 일종의 시그널입니다. 내용을 더 매력적으로 보이게 업그레이드하는 것도 제목의 역할이죠. 영화나 소설에서 봤던 근사한 제목들을 떠올려보세요. 제목만 봐도 보고 싶지 않나요?

저는 책을 출판한 적이 있는데, 원고가 없는 상태로 계약서를 쓰기도 한답니다. 책에 '가제'를 붙인 상태로 계약서를 쓰죠. 가제를 가짜 제목이라고 비웃으면 안 됩니다. 원고가 태어나지 않은 상태에서 출판사와 저자는 가제를 중심으로 계약서를 씁니다. 이때 가제는 훌륭한 시작이며 위대한 방향키가 됩니다. 원고가 나아가야 할 북두칠성 같은 거예요. 앞으로 써갈 원고의 방향을 인도해 주죠.

나중에는 가제가 바뀝니다. 원고가 다 끝난 후에야 최종 제목이 확정

되죠. 가제가 최종 제목이 되기도 하지만 새로운 제목으로 바뀌기도 합니다. 책의 시작이 제목이었던 것처럼, 책의 마지막도 제목입니다. 모든 원고와 텍스트를 함축하는 옳은 끝맺음으로써 최종 제목이 나오는 겁니다.

제목을 마지막에 다시 만지는 것은 우리가 글을 쓰는 과정과 비슷합니다. 여러분은 글을 쓸 때 완벽하게 결말을 예상하나요? 천재적인 작가는 자기가 쓸 글의 끝을 알고 첫 장을 시작할 수도 있죠. 그런데 대부분은 쓰면서 내용을 바꾸게 됩니다. 캐릭터가 힘이 세서 작가가 생각하지 못했던 방향으로 이야기를 끌고 가기도 합니다. 중간에 생각이 추가되어 전반적인 방향이 바뀌기도 하고, 내용이 수정되기도 합니다. 쓰다가 처음부터 다시 쓰는 일도 생깁니다. 그렇기에 임시 제목인 가제로 시작했다가 마지막에 수정과 논의를 거듭한 최종 제목이 나와야 합니다.

모든 글의 시작과 끝에 제목이 있습니다. 이번 10강에서는 여러분과 함께 제목에 대한 이야기를 하고자 합니다.

35

인생에도 제목이
필요하다

▌인생의 등불이 되는 나만의 가제

인생이 텍스트처럼 여겨질 때가 있습니다. 인생의 작가는 나고, 내 삶은 텍스트인 거죠. 인생이 글을 쓰는 여정과 같다면 제목이 필요하지 않을까요? 살면서 내 인생의 방향키 역할을 해주고, 북두칠성처럼 인생을 비춰주는 제목이요.

저희 아버지의 일화를 들려드릴게요. 저희 아버지는 중학교를 졸업하고 고등학교에 입학하고 싶었는데 성적이 좋지 않았다고 해요. 그래서 머리에 하얀 끈을 둘러메고, '합격'이라는 글자를 벽에 붙여놓고, 열심히 공부하셨다고 합니다. 그런 수험생들 많잖아요. '할 수 있다!', '합격', '수능 1등급' 등 이런 글자를 벽에 써놓고 공부하는 학생들 말입니다.

만약에 내 인생의 제목을 '합격'이라고 써놓고 달려 나갔는데 합격을 못 하면 어떻게 되는 걸까요? 그럼 나중에 인생의 제목을 '졌지만 잘 싸웠다' 이렇게 바꿀 수도 있습니다. 목표로서의 제목과 마지막 결과로서의 제목은 달라지는 경우가 매우 많습니다. 다 끝날 때까지는 끝나지 않는 게 텍스트 쓰기라서 그렇습니다. 그래서 제목을 지을 때는 가제와 최종 제목으로 이원화하는 것이 필요합니다. 이 두 개가 일치한다면 정말 글을 잘 쓴 거지만 꼭 일치해야만 성공하는 것은 아닙니다.

▌옳은 끝맺음의 최종 제목

인생이라는 길을 다 걷고 난 후에도 제목이 필요합니다. 임종 즈음, 저는 인생을 돌아보며 하나의 제목을 붙여보고 싶어요. 좀 길게 쓴다면 유언이 될 수도 있습니다. 드라마를 보면 "나는 이런 인생을 살았어, 그러니 후회 없어"라고 말하는 장면이 있잖아요. 과연 우리는 지상에서의 마지막 날에 무엇으로 인생을 표현할까요. 그게 바로 최종적인 '나'의 제목이라고 부를 수 있습니다.

인생을 돌아보면 저에게는 참 많은 제목들이 있었습니다. 저는 충청남도 공주에서 태어났는데 '서울에 살면서 돈 많이 벌어서 엄마에게 주고 행복하게 사는 사람' 이게 저의 10대 시절 가제였습니다. 그때는 그게 내 인생의 제목이라고 생각했는데 지나고 보니 최종 제목이 아니었습니다. 단지 목표일 뿐이었죠. 지금 저의 10대를 최종 제목으로 다시 적는다면 '행복했으나 행복한 줄 몰랐던 시절'이라고 붙일 수 있을 것 같습니다. '엄마와 엄마 밥이 지켜주었던 세상'이라는 제목도 붙이고 싶네요. 이것이 10대 시절이 다 지난 다음, 끝맺음의 제목입니다.

지금 40대의 나민애는 어른이 되고 싶습니다. 이미 나이 들었는데 어른이 되고 싶다니? 나이로 보면 어른이지만, 저는 제가 생각하는 진짜 어른이 되고 싶어요. 저는 제 40대의 가제를 '어른스럽고 사람다운 진짜 어른'이라고 정했습니다. 저의 40대는 아직 쓰이지 않은 원고입니다. 이 원고가 다 끝나면 다시 최종 제목이 붙겠죠. 끝맺음의 제목, 옳은 끝맺음을 낼 수 있도록 저는 지금 삶의 원고를 열심히 쓰고 있습니다.

36

가제
잘 짓는 법

▌ 모든 글은 제목에서 시작해서 제목으로 끝난다

인생에도 제목이 필요하고 텍스트에도 제목이 필요합니다. 다시 한번 말하지만, 모든 유·무형의 글은 제목에서 시작해, 다시 제목으로 돌아옵니다. 제목은 마지막에 쓰는 거예요. 어떤 사람들은 글을 쓰기 전 맨 위에 제목을 적어놓고 끝이라고 생각하는데 절대 그러면 안 됩니다. 그건 주제에 가깝습니다. 글의 맨 위에 올라갈 제목은 글의 마지막에 다시 써야 합니다. 출판사에서 책을 낼 때도 마지막까지 최종 제목을 고민합니다. 가제로 시작해서 원고를 다 끝내고, 디자인하고, 표지 색깔까지 정해놓고도 이걸로 할까,

저걸로 할까, 굉장히 고민한 후 마지막 제목을 올리거든요.

그렇다면 이토록 중요한 제목, 잘 짓는 법이 있을까요? 저는 가제 쓰기와 최종 제목 쓰기를 각각 설명드리고자 합니다. 먼저 가제를 잘 짓는 법을 설명할게요.

▌ 앞으로 붙이는 수식어

가제를 붙일 때 가장 중요한 것은 핵심 키워드 1개를 고르는 것입니다. 가장 중요한 키워드를 '하나' 고르고, 그 키워드 앞에 수식어를 더하고, 그 앞에 수식어를 또 더하는 겁니다. 예를 들어 말 또는 언어에 대한 글을 쓰고 싶다고 가정해 봅시다. 말도 언어도 범위가 너무 넓죠. 이때 '말'을 먼저 생각해 보고 '말' 앞에 수식어를 붙이는 거예요. '다정한 말'이라고 해보죠. 더 붙여볼게요. '상처받은 사람들에게 들려줄 다정한 말'도 가능합니다. 이렇게 수식어가 붙으면 붙을수록 내가 쓸 키워드가 자세해집니다.

이번에는 '언어'로 만들어 볼게요. 앞에 수식어 하나 붙여볼까요? '위로의 언어'가 생각납니다. 여기에 수식어를 더 붙여볼까요? '자존감을 살려줄 위로의 언어'는 어떤가요? '방법'이라고 하는 아주 애매한 키워드가 있다고 칩시다. 키워드가 짧으면 짧을수록 쓰기 더 힘듭니다. 짧다는 것은 범위가 넓다는 말이거든요. 그래서 수식어가 필요한 거죠. '독서 방법' 이렇게만 해도 '방법'의 범위가 확 줄죠. 범위를 줄이지 않으면 가제로 쓸 수 없습니다. '독서 방법'으로 줄였어도 범위가 넓네요. 좀 더 수식어를 붙여보죠. '문해력 위기를 극복하는 독서 방법' 이렇게 정하니 훨씬 더 구체적으로 글 쓸 범위가 좁아졌습니다.

▌ 뒤로 붙이는 수식어

앞에만 수식어를 붙일 수 있는 건 아닙니다. 뒤에도 붙일 수 있어요. 핵심 키워드 뒤에 세부 단어를 추가하는 방식입니다. 예를 들어 '가짜 뉴스'에 대해서 쓴다면 단어 뒤에 이런 말을 붙여보는 겁니다. '가짜 뉴스의 프레임', '가짜 뉴스의 프레임과 전파 방식' 가짜 뉴스라고만 하면 뭘 써야 할지 고민되지만, '프레임'과 '전파 방식'이라는 세부 단어가 붙으니까 무슨 내용인지 조금 짐작이 됩니다. 이 정도는 구체화해야 글을 시작할 수 있습니다.

내 인생의 제목도 마찬가지입니다. '어른'으로 끝나는 게 아니라 '사람답고 인간적인 좋은 어른', '학생들에게 의지가 될 만한 좋은 어른'처럼 구체적인 수식어가 있어야 스스로 그 형상을 마음에 품고 실현할 수 있습니다.

철학자 니체에 대해 쓴다고 가정해 봅시다. 니체에 대한 모든 것을 쓸 수는 없으니 세부 사항을 붙여서 범위를 줄여야 합니다. '니체의 태도와 가르침', 조금 더 붙여서 '니체의 단단한 태도와 가르침'이라고 하면 키워드가 명확해집니다. 어느 정도 가제를 명확하게 만들어서 경도와 위도를 잡아야 내가 쓰고자 하는 글을 내비게이션에 찍고 갈 수 있습니다.

"어디론가 좋은 곳으로 가자, 내비야"라고 하면 "네, 좋은 곳으로 안내하겠습니다!"라고 내비게이션이 대답하나요? 그렇지 않죠. "OO주차장으로 가자"라고 명확하게 말해야 "지금부터 최단거리 주행을 시작하겠습니다"라고 말하죠. 이렇듯 구체화가 필요합니다. 핵심이 되는 단어 하나를 선택하고, 그 단어의 앞과 뒤에 하나둘 수식어를 붙이는 방법은 구체화에 무척 유용합니다.

이렇게 여러분이 따라가야 할 주제를 구체적으로 만드는 게 가제를 만드는 방법입니다. 아까 예를 들었던 '인생'이라는 단어를 다시 볼까요. 인생이라는 키워드 앞에 어떤 수식어를 붙일 수 있을까요? 나의, 너의, 우리의, 사나이의, 낭만의, 비교당하지 않을 권리의, 잊혀져가는 등이 있겠죠. 그럼 인생이라는 키워드의 뒤에는 뭐가 올 수 있나요? 인생의 기억, 가치, 행동, 방향, 행복 등의 단어를 붙일 수 있겠죠.

이렇게 핵심 키워드 1개를 고르고, 키워드 앞뒤로 단어를 더하면 좋은 가제를 만들 수 있습니다. 어떤 키워드를 정하냐에 따라 우리 글의 방향이 달라지고, 텍스트의 방향이 달라집니다.

37

최종 제목을 만드는
네 가지 공식

주제적인 제목, 즉 가제를 정하고 그 가제를 따라서 한 편의 글을 완성했다면 이제 최종 제목을 붙일 시간입니다. 최종 제목 쓰기가 진짜 어렵습니다. 글쓰기 수업의 심화 단계에서 가장 많이 받는 질문도 제목에 대한 겁니다. '어떻게 하면 제목 쓰기를 잘 할 수 있을까' 이에 대한 고민을 이어가던 중, 저는 최종 제목을 짓는 네 가지 공식을 만들었습니다. 이 공식 외에 다른 방법도 있겠지만 저는 네 가지 공식 중에서 하나를 골라 적재적소에 쓴다면 제목 쓰기의 난관을 넘을 수 있다고 생각합니다.

▎첫째, 돌직구 제목

돌직구 제목은 말 그대로 직설적인 스타일의 제목입니다. "나 너좋아해"처럼 바로 할 말을 하는 것이죠. "날씨도 좀 차가워지는데, 내 손도 쓸쓸하고"라고 말하는 게 아니라 "오늘부터 우리 1일 하자" 혹은 "오늘부터 우리 사귀자" 이렇게 말하는 게 돌직구 제목입니다. 한두 단어로 간단하게 되어 있어서 귀에 쏙쏙 들어오죠.

예를 들어 알랭 드 보통의 『불안』, 손원평의 『아몬드』 유발 하라리의 『사피엔스』 같은 제목입니다. 헤르만 헤세의 『데미안』, 양귀자의 『모순』도 이에 속하죠. 귀에 탁 들어오기 때문에 오해의 여지가 별로 없습니다. 단어 하나지만 에너지를 많이 갖고 있습니다. 이런 제목은 단단하고 웅장한 분위기를 풍깁니다. '이 단어에 모든 것을 다 결집시켰구나, 이 단어가 정말 정말 중요하구나' 하는 생각이 들죠.

돌직구 스타일의 제목이 꼭 한 단어로만 되어 있지는 않습니다. 한병철의 『피로사회』, 정보라의 『저주토끼』, 김연수의 『원더보이』처럼 두 단어로 된 제목도 많습니다. '와', '과', '의'로 단어를 연결할 수도 있습니다. 정유정의 『7년의 밤』, 김훈의 『칼의 노래』, 김상욱의 『떨림과 울림』과 같은 예시가 여기에 해당하죠.

돌직구 스타일 제목에는 단점이 있습니다. 짧아서 설명이 부족하다는 거죠. 이럴 땐 부제를 붙여서 보완합니다. 예를 들어 제목이 『인생수업』이라면 '석가모니가 세상에 남긴 삶의 지혜'라는 부제를 붙이는 거죠. 석가모니의 지혜로운 이야기를 담은 책임을 바로 알 수 있습니다. 「연결하는 집」은 한 전시회의 제목인데요, 범위가 너무 넓죠. 여기에 '대안적 삶을 위한 건축'이라는 부제가 붙으면 어떤 전시인지 예상이 가능해집니다. 이렇듯 제목은 예상 가능해야 합니다. 어떤 메뉴가 나올지 알고 들어가는 음식점의 간판 같은 역할을 하는 것이 바로 제목입니다.

부제에 대한 팁을 하나 드리면, 시간과 공간에 대한 이야기가 부제에 나올 경우 시간을 먼저 써주세요. 시공간이라는 말을 자주 쓰는 것처럼 시간이 앞에 나오는 게 자연스럽습니다. '18세기 프랑스 사회를 중심으로', '1960년대의 한국 사회를 중심으로'처럼 말이죠.

▌둘째, 모범생 제목

두 번째 공식은 '모범생 제목'입니다. 모범생 하면 딱 떠오르는 이미지가 있나요? 저는 시인 중에서 모범생 스타일을 찾는다고 하면 윤동주 시인이 떠오릅니다. 옷깃도 단정하고, 책가방도 똑바로만 멜 것 같은 느낌이죠.

모범생 제목은 여러 개의 키워드로 구성됩니다. 먼저 책 속에서 최소 4개 정도의 핵심 키워드를 끄집어내야 합니다. 그런데 핵심 키워드가 잘 안 보인다는 문제가 있습니다. 본인이 쓰고도 핵심 키워드가 잘 안 보일 때가 있죠. 여러분만 그런 것이 아닙니다. 저도 글을 쓸 때면 제가 말하고자 하는 핵심 키워드가 뭔지 한참 봐야 찾아지는 경우가 있습니다.

그래도 원고를 다시 읽으면서 포인트가 되는 단어 4개를 찾아봅니다. 그리고 4개의 단어를 단정하게 묶어보는 거예요. 예를 들어 「민족주의의 기원과 보급에 대한 고찰」이 모범생 제목입니다. 중요한 키워드가 4개가 나왔습니다. '민족주의', '기원', '보급', '고찰'이라는 학술적이고 지적인 단어들이죠. 모범생 제목은 이렇게 지적인 단어를 여러 개 쓰고 길게 쓰는 경향이 있습니다. 내용이 많고, 깊은 고찰이 있다는 것이 제목에서도 느껴지죠.

다른 예로 「지속 가능성에 대한 사유」, 「수와 문자에 관한 최소한의 수학 지식」을 살펴볼까요. 역시 여러 개의 키워드로 구성되었고 진지한 분위기, 학술적인 분위기가 느껴집니다. 이런 모범생 제목에는 '~에 관한/대한/나타난', '이론', '사유', '지식', '성찰' 등의 단어가 종종 활용됩니다.

이런 제목의 장점은 지적이며 성찰적이라는 것이고, 단점은 다소 어려워 보인다는 것입니다.

▌셋째, 감수성 제목

세 번째 제목은 말랑말랑, 촉촉한 감성적 글에 적용될 수 있습니다. 예를 들어 시「슬픔이 기쁨에게」, 소설『우리의 여름에게』처럼 누군가에게 전하는 편지 형식은 감수성이 잘 드러나죠. 이런 감수성 스타일에서 큰 비중을 차지하는 것은 문장형 제목입니다.『어서오세요, 휴남동 서점입니다』,『시는 나를 끌고 당신에게로 간다』,『우주의 작은 별 하나까지 널 도와줄 거야』처럼 문장형으로 만든 감수성 제목은 에세이, 시, 소설 등의 분야에서 두루 쓰입니다.

감수성 제목은 느낌으로 포착이 된다는 장점이 있습니다. 키워드로 명확하게 지시하는 게 아니라 분위기를 전달하는 거죠. 내가 지금 어떤 환경이나 분위기 상황에 놓여 있다는 것을 은연중에 제시하는 상당히 은유적인 제목이기도 합니다. 문장형 제목은 요즘 트렌드이기도 하거니와 초보자들이 쓰기 괜찮은 제목입니다. 글에서 바로 문장을 뽑아내서 제목 자리에 올리는 게 가능하거든요. 여러분이 감수성 넘치는 수필이나 소설을 썼다면 본문 속의 한 문장을 발췌해서 제목으로 삼아도 좋습니다.

▎ 넷째, 이상한 스타일

제목 쓰기의 마지막 공식을 뭐라고 표현해야 할지 몰라서 한참을 고민했습니다. 결국 이상한 스타일이라고 부르기로 했습니다. 이상한 게 나쁜 건 아닙니다. 요즘 제일 인기 있는 제목 스타일이 바로 이 이상한 스타일이거든요.

제가 드라마 「선재 업고 튀어」 제목을 처음 봤을 때 한 생각은 '이게 무슨 말이야?'였습니다. '선재가 뭐야? 왜 업어야 돼? 어디로 튀어?' 이런 물음표가 둥둥 떠오르며 궁금증이 폭발했죠. 『바나나가 더 일찍 오려면』 이런 제목은 어떤가요? 저는 가족이 좀 일찍 왔으면 좋겠다는 생각은 한 적 있어도 바나나가 일찍 왔으면 하는 생각은 해본 적이 없었습니다. 『지혜로운 멧돼지가 되기 위한 지침서』도 있습니다. 저는 누가 저에게 멧돼지라고 하면 화가 나거든요. 그런데 멧돼지가 되고 싶다니 참 이상하죠. 게다가 '멧돼지'와 '지혜롭다' 단어는 상당히 안 어울리는 조합인데 나란히 놓여 있습니다. 이 제목도 '뭐지?' 하는 궁금증을 불러일으킵니다.

제가 좋아하는 작가 리베카 솔닛의 저서 중에 『길 잃기 안내서』가 있습니다. 길을 찾아주는 안내서가 있어도 볼까 말까인데 길을 잃어버리는 안내서라뇨. 『물고기는 존재하지 않는다』는 제목도 눈에 띕니다. '어제도 생선구이를 먹었는데 왜 물고기가 존재하지 않는다고 하지?' 이렇게 호기심을 자극하잖아요. 사람들을 궁금하게 해서 읽어보고 싶게 만드는 제목입니다. 그런데 이런 제목이 의외로 통한답니다.

이상한 스타일의 제목이 요즘 유행입니다. 이런 제목은 어떻게 지을 수 있을까요? 우선 '낯설게 하기'를 활용하는 게 방법입니다. 같이 조합하기 어려운 단어가 함께 있는 거예요. '멧돼지' 옆에 '지혜'가 있는 것처럼요. 그리고 모순적인 단어를 조합해 보세요. 원래 흔하게 같이 있어야 하는 단어의 조합을 깨는 겁니다. 그래서 '이게 무슨 말이야? 새로운데? 한번 읽어볼까?' 하는 생각을 독자에게 들게 하는 겁니다.

내가 쓴 글이 읽는 사람에게 훅 들어가길 원한다면 돌직구 제목을 선택하는 게 좋겠죠. 새벽 감성으로 촉촉하게 썼다면 감수성 제목을 생각해 보세요. 지적이고 학문적인 분위기를 주고 싶다면 모범생 제목을, 다른 사람들에게 트렌디하게 궁금증을 유발하고 싶다면 이상한 스타일을 선택하면 됩니다.

이 넷 중에 여러분이 쓰실 만한 게 하나는 있겠지 싶어서 이렇게 제목을 만드는 공식을 준비해 봤습니다. 제목 짓기에 어려움을 겪는 분들이 있다면 이 넷 중에 하나를 실천해서 본문에 맞는 제목을 찾길 바랍니다.

38

제목이
중요한 이유

▌ 가장 비싼 자리, 제목

본문은 잘 썼는데, 제목을 잘 못 붙이면 의미가 반감됩니다. 그런데 본문은 참 잘 썼는데 제목 다는 것을 낯설어하고 어색해하는 학생들이 있습니다. 그러면 본문의 소구점을 냉철하게 찾아내지 못합니다. 제목 쓰기에서 제일 중요한 것은 '내가 이 글의 핵심 포인트를 알고 있느냐 없느냐'입니다. 반대로 제목이 잘 붙으면 본문이 가지고 있는 가치보다 더 좋아 보이는 경우가 있습니다. 좋은 제목이 붙으면 본문의 내용이 훨씬 더 살죠. 그래서 제목은 아주 중요한 마지막 작업입니다.

글쓰기를 땅에 글자라는 씨앗을 뿌리는 과정이라고 생각하면 제목을 심는 곳이 가장 비싼 자리입니다. 정말 비옥하고 좁은 자리이기 때문에 선별한 단어만 잘 배치해야 합니다. 전략적으로 접근해야 하는 금싸라기 땅이 바로 제목의 자리죠.

가제는 자연스럽게 생겨날 수도 있지만 수식어를 덧붙이는 전략이 필요하다고, 앞서 말씀드렸습니다. 옳은 끝맺음으로써의 최종 제목도 만드는 데 전략이 꼭 필요합니다. 제목 하나를 어떻게 붙이느냐에 따라 본문이 활짝 피느냐, 조금 흐려지느냐에 영향을 미치기 때문이죠.

▌오늘의 제목이 쌓여 인생의 제목이 된다

우리는 일상에서 제목을 쓸 일이 별로 없습니다. 그래서 제목 쓰기를 굳이 배울 이유가 없다고 생각할 수도 있죠. 일상에 제목의 자리는 분명히 있습니다. 저는 광적으로 메모를 하는 편인데요, 날마다 오늘 하루를 기념하기 위해 일기를 씁니다. 다이어리 꾸미기도 퍽 좋아해요. 오늘 일과 감정을 자세히 쓸 시간이 부족하면 간단하게나마 메모를 남깁니다. '이상하지만 기분은 좋았던 날', '구름이 예뻐서 사진을 남겼던 날', '올해 석양이 제일 예뻤던 날', '아이들이 속 썩여서 많이 힘들었던 날', '남편하고 싸운 두 번째 날' 등 이렇게 쓰죠. 이런 글들이 저의 하루를 마감하는 제목이에요.

저는 하루를 잘 마감하고 제목으로 남겨서 일기에 묻어두고 잊어버려야 다음 날을 잘 시작할 수 있다고 생각합니다. 하루가 아니라 한 시간에도 제목을 붙일 수 있어요. 카페에 한두 시간 있었다면 그 시간을 흘려보내지 마시고 카페에서 보냈던 시간에 대해 제목을 붙여보세요. 그 제목이 모이면 오늘 하루의 제목이 됩니다. 하루의 제목이 모이면 1년의 제목이 되고, 70년, 80년 쌓이면 우리 인생의 제목이 됩니다. 여러분도 하루를 잘 살고 마치면서 '오늘의 제목'을 달아보세요.

여러분과 저는 한 편의 책을 쓰듯 인생을 만들어 나가는 중입니다. 우리는 우리 인생의 저자요, 작가입니다. 우리는 그 여정 중에 잠깐 만났습니다. 작은 하이파이브 같은 책을 마무리하면서 여러분에게 인사를 건넵니다.

맨 마지막 날에 우리가 우리의 책장을 덮을 때 좀 뿌듯한 제목이 달리기를, 당신이라는 책의 멋진 제목을 응원할게요. 결국 국어는 그 제목 하나를 위해 배우는 거 아닐까요.

나의 두 번째 교과서

×

나민애의 다시 만난 국어

초판 1쇄 발행 2024년 12월 30일
초판 2쇄 발행 2025년 1월 30일

기획 EBS 제작팀
지은이 나민애
펴낸이 김선준, 김동환

편집이사 서선행
책임편집 최한솔 **편집3팀** 오시정, 최구영
마케팅팀 권두리, 이진규, 신동빈
홍보팀 조아란, 장태수, 이은정, 권희, 유준상, 박미정, 이건희, 박지훈, 송수연
구성 인현진 **디자인** 김세민
경영관리 송현주, 권송이, 정수연

펴낸곳 페이지2북스
출판등록 2019년 4월 25일 제 2019-000129호
주소 서울시 영등포구 여의대로 108 파크원타워1, 28층
전화 070)4203-7755 **팩스** 070)4170-4865
이메일 page2books@naver.com
종이 월드페이퍼 **인쇄** 더블비 **제본** 책공감

ISBN 979-11-6985-116-9 (03700)